7種守護霊とつながる最高の生き方

How to live your best life by connecting yourself to the seven types of guardian spirits

ワンネスyurie

KADOKAWA

はじめに

この本を手に取っていただき、ありがとうございます。

この本を手に取ることが、あなたの守護霊からの何かしらのメッセージかもしれません。

私が初めて守護霊の言葉を聞いたのは3歳ぐらいのとき。

当時、私の姉は入院していて、母も付き添いで家を留守にしがちでした。私はとても寂しく、幼いながらも「生きていてもつまらないな」「なんで生きているんだろう」と思うことがよくありました。

そんなときに、ふと空から聞こえてきたのは「あなたは守られているから大丈夫」という言葉。

きっと、言葉の主は亡くなった曽祖母だったと思います。曽祖母は長崎の島でヒーラーをしていて、地域では有名な存在だったそうです。曽祖母がずっと信仰していた観音様の前で遊んでいたとき、突然その言葉が聞こえてきて、びっくりしたことを覚えています。一方で、力強く温かいその声は、安堵感と生きる希望を与えてくれるようでした。

7歳頃には、友達とケンカをした私が観音様の前に座って泣いていると、背中がじんわりと温かくなっていくのを感じました。それから、友達に叩かれた部分をなでられている感覚もあり、「痛かったね、つらかったね。もう大丈夫だよ」と慰められたような気がしました。大きな愛に触れた私は、安心したのかその場で泣き続けました。守護霊の曽祖母とつながる瞬間はとても心地よく、温かく、別世界にいるような感覚だったのです。

これを機に、私は守護霊と話す、つながるという感覚がなんとなくわかるようになり、観音様の前にいなくても、どこでも曽祖母を感じられるようになりました。学校の校庭にいても、家族旅行で別府の温泉に行ったときも、習い事の教室でも、どんなときもつながることができました。

守護霊とつながっていると、母の子宮にいるような安心と安全を感じることができました。さらに、前向きになれて、行動力がみなぎってくるような感覚を得られました。

私がこの本を書こうと思ったのは、守護霊の愛を感じられる人を増やしたい、孤独を感じている人に安堵感を得てもらいたい、守護霊の素晴らしいメッセージを受け取ってほしいと思ったからです。

私はＹｏｕＴｕｂｅ配信やオンラインサロン運営に携わってきていますが、みなさんの声を聞いていると、孤独を感じ、生きる目的を見失ってしまった方が増えているように思います。

孤独を感じるということは、まさに守護霊とのつながりが失われている状態。あなたには守護霊のサポートがついていることを自覚して、安心する毎日を送ってほしいと心から願っています。

さて、私たちは守護霊に対してたくさんの誤解を持っています。

・守護霊がついていない人もいる
・生まれてから死ぬまでずっと同じ守護霊がついている
・守護霊とはご先祖様か神様だ

・守護霊を気軽に頼ってはいけない

すべては本書で詳しく解説していますが、守護霊はすべての人についていますし、守護霊は私たちが夢や目標を変える際に代わることがあります。そして、本書のタイトルにもなっているように、守護霊は7種類存在していて、最適な守護霊が最高のタイミングで配置されます。守護霊は頼られることをとても喜んでくれますし、常に私たちのために時間と知恵とエネルギーを使ってくれます。

本書を通して守護霊への固定観念を崩し、守護霊の本当の姿を知っていただけると幸いです。

さあ、あなたの守護霊があなたとつながりたいと思い、あなたのことを呼んでいます。守護霊とあなたとの関係を紐(ひも)とき、あなた自身が生きている意味を探しに行ってください。

かけがえのない冒険の始まりです！

第3章 あなたの使命を見つけよう

第4章　7種の守護霊

第5章　パワーを最大限いただくために

第6章　より豊かな人生を求めて

第7章 幸せになるために大切なこと

第1章 守護霊の存在

1 守護霊とは？

守護霊と聞くと、みなさんはどのようなイメージを持つでしょうか？
「無条件に助けてくれる神様、菩薩、観音様のようなイメージ」「ご先祖様がそばにいて守ってくれている、身代わりになってくれるようなイメージ」などというように、いついかなるときも守ってくれる存在、助けてくれる存在だと考える人は多いでしょう。

しかし、現実はちょっと違います。

守護霊は「神様から遣わされたコーチ」です。つまり、あなたが生きる目的をまっとうする中で迷ったとき、つまずいたとき、危ないときなどに、助言、サポートしてくれる存在です。「守る」という役割を持つこともありますが、本来は「あなたの〝生きる目的〟のサポート」が守護霊の主な役割です。

そもそも人はみな、この世に生を受ける前に、今回の人生における「生きる目的」を設定してから生まれてきています。私はその生きる目的を**「使命」**と呼んでいます。使命は誰もが必ず持っているもので、中にはいくつも持っている人もいます。

その使命に合う守護霊が、コーチとしてついてきてくれているということです。守護霊は、使命がスムーズに運ぶように並走してくれているコーチなのです。

2 指導霊と補助霊

守護霊には、指導霊と補助霊が存在します。

先ほどコーチと言った守護霊は、指導霊のことです。指導霊はあなたのコーチとして、あなたが使命をまっとうできるようにさまざまなサインやメッセージを送りながら、人生を導いてくれます。

一方、補助霊はあなたと守護霊との間を取り持ったり、あなたがさまざまな危険に遭わないよう手助けをしてくれたりします。指導霊ほどの霊格や権限はありませんが、あなたのそばにいて、あなたが安心して暮らせるように見守ってくれています。

このように、どんな人にも複数の守護霊がついており、それぞれの役割で私たちを支えてくれているのです。

3 守護霊の種類

私は今まで数千人のクライアントにセッションをして、それぞれの守護霊のメッセージを受け取ってきました。その結果、守護霊はその人が持っている使命に沿って、次の7種類に分類されることがわかりました。

1. **過去世**……後悔したことをやり遂げることが目的
2. **ご先祖様**……家族や血のつながりを大切にすることが目的
3. **守護動物霊**…動物たちとの出会いや会うべき人たちと縁をつなぐことが目的
4. **自然霊**………自然を守る、環境を守る、芸術的な才能の開花が目的
5. **天使**…………人や動物、環境を癒やすこと、愛情を与える、受けることが目的
6. **宇宙人**………未来の地球や地域を発展させることが目的
7. **地球の神様**…運気が高まっているときに何かを成し遂げることが目的

これらの7種類の守護霊たちは、あなたの使命を精一杯サポートすることを目的に、宇宙の神様によって配置されます。
個々の守護霊については、第4章で詳しく解説します。

4 守護霊がサポートにつくメカニズム

ここからは、守護霊がどのように選ばれ、どのように配置されるのかについて、実際に守護霊から教えてもらったメカニズムをお話しします。

私たちは生を受ける前、「地球に生まれよう」と決めた際に、**地球に生まれる目的＝「使命」**を明確に決めています。地球でなければ体験できないことを目的にすることもありますし、輪廻(りんね)転生で過去世から繰り返していることを断ちたい（乗り越えたい）という思いから生きる目的を設定することもあり、使命は人によって千差万別です。

使命は次のようにして決まります。

まず、あなたの過去世（前世）は、過去世で亡くなった際に**「後悔リスト」**を作成します。次に生まれ変わるときには「これを体験したい！」「これを成し遂げたい！」「この人に出会いたい！」といった願望をリスト化するのです。

そして今世、あなたは生まれる前に、後悔リストを確認します。過去世のあなたはどんなことを後悔していたのかを再認識して、後悔リストを**「今世やることリスト」**に替えるのです。

その**「今世やることリスト」が、あなたの使命の要素になります。**

「今世やることリスト」が決まると、宇宙の神様がそれに沿って適した守護霊を配置するという流れです。

具体例を紹介します。

男性Aさんは、死んでから30年の間、天界（ここでは宇宙と同義とします）で過ごしています。天界では、望んだものはすべて手に入りますし、願いはすべて叶（かな）います。会いたい人にも簡単に会えますし、お金に困ることもありません。天界はすべての命にとって優しい世界です。

ですが、Aさんは望んだものを何もかも潤沢に与えられてしまう環境に、次第に飽きてきます。

そうなると、さまざまな障害を乗り越え、達成感や感動が味わえるようなロールプレイングゲームをやりたいと思うようになりました。死んでから30年、魂も癒えてきたことだし、そろそろ輪廻転生して、生まれ変わりにチャレンジしてみようかという気持ちを抱きはじめます。

Aさんは、生まれ変わりたいという旨を宇宙の神様に相談してみることにしました。宇宙の神様は、地球に生まれることを快くOKし、生まれる目的を設定するよう伝えました。

まだ生まれる理由が曖昧(あいまい)だったAさんは、何にしようか考えます。ここでAさんがひっぱり出すのが「後悔リスト」です。30年前、死ぬときに後悔したことをまとめた後悔リストには、こんなことが書いてありました。

後悔リスト

・もっと海外のいろんな国を見てみたかった

・母親をもっと大切にすればよかった
・初恋のBさんが忘れられなかった
・ハンバーグをもっと食べたかった
・40歳のときに仕事の新しいプロジェクトの誘いを断ってしまった
・長崎に住んでみたかった
・亡くなった愛犬パフにもう一度会いたい
・縁が切れてしまったCさんと仲直りしたかった
・もっと人に注目されることをしてみたかった
・もっと強い人間になりたかった
・高級車に乗ってみたかった
・お酒を飲みすぎなければよかった
・家族をもっと海外旅行に連れて行ってあげたかった
・日本の子どもたちへ明るい未来を用意してあげたかった

後悔リストを見直したAさんは、次に今の地球の日本を見下ろしてみました。

2024年の日本

・スマホの普及
・インターネットの普及
・コロナ禍の克服
・デジタル通貨の普及
・少子高齢化
・長時間労働による生産性の低下
・気候変動
・ジェンダーの問題
・子どもの貧困の問題

Aさんは、30年前から状況が変化していることに気づきました。自分が生きていた日本とは違う社会のようだと感じました。

いろいろと考えた結果、Aさんはもう一度日本の違う地域で、違う家族として生まれてみることにしました。そして、生きる目的を「母親を大切にし、結婚したら家族を大切にする。日本の子どもたちへの教育を通して未来を発展させる一助となる」に決めました。もちろん転生したら母親も家族も変わりますが、それでも「母親」「家族」という存在を大切にしようと思いました。

生きる目的を宇宙の神様に伝えると、宇宙の神様は「過去世」「ご先祖様」「守護動物霊」「自然霊」「天使」「宇宙人」「地球の神様」の7種類の守護霊の中から、その目的を最適にサポートしてくれる守護霊を配置してくれます。

Aさんの目的は、「母親を大切にし、結婚したら家族を大切にする。日本の子どもたちへの教育を通して未来を発展させる一助となる」でしたので、最適な守護霊として、指導霊に宇宙人、補助霊にご先祖様がつきました。

指導霊に宇宙人が選ばれた理由は、未来の子どもたちへの教育や発展を目的にしていたからです。宇宙人は未来意識が強く、新しい時代を作っていくことが非常に得意です。

補助霊にご先祖様が選ばれた理由は、母親を大切に、家族を大切にというテーマがあるからです。家族がテーマの場合は、ご先祖様がサポートにつくことが多いです。ちなみにこのご先祖様とは、生まれた先のご先祖様がサポートにつくという意味です。

こうして、守護霊を配置されたAさんは、地球で新たな人生をスタートさせることになります。

5 宇宙の神様とは？

私たちの守護霊を決めるのは宇宙の神様だとお話ししました。

宇宙の神様は、宇宙そのものと捉えることもできます。宇宙空間を守り、惑星を管理し、そこに住む人々の平和と秩序を守っている存在です。

私たちは、寿命が尽きて死んでしまうと宇宙に還（かえ）ります。宇宙に還った際には、後悔リストを作ります。そして、後悔リストを書き終えたら、魂のヒーリングが行われます。

傷ついた魂は長い時間をかけてヒーリングされ、健康な状態に戻されます。健康な状態になった魂は、すべてが手に入る充実した空間（＝天界）で過ごすことになります。

宇宙の神様はこの輪廻転生のサイクルも司(つかさど)っていて、どの魂が寿命を終えて戻ってきて、次にどの魂が地球や宇宙の星に旅に出るのかを、寸分の狂いなく管理しているのです。

6 自分の人生と向き合う

あなたが生まれてくるとき、使命に沿った守護霊が宇宙の神様によって配置されると言いましたが、あなたが使命に向かう中で行動や方針を変えたり、そもそも使命が変わったりすれば、守護霊は入れ替わります。それは、**あなたがよりよい人生を生きられることが守護霊の存在意義だからです。**

時に、あなたは自分がなぜ生きているのかわからなくなり、塞(ふさ)ぎ込んでしまうことがあるかもしれません。

生まれる前に決めた使命を、赤ちゃんの頃からずっと覚えている人はほとんどいません。多くの人が、成長していく中で自分と向き合い、生きる理由を考えるようになります。たくさんの社会問題や人間関係がある中で、なぜ自分は生きているのかと悩み、もがくことがあるのは当然のことだと思います。

そんなとき、指導霊はあなたが生まれてくる前に決めた使命を思い出すよう、繰り返し伝えてくれます。

ただし、あなた自身が守護霊の存在を意識できなければ、いくら手助けをされても、その恩威を受け取ることができません。

守護霊とつながり、そのパワーをいただくためには、あなた自身が「なんのために生きているのか？」を今一度思い出すこと、そして、使命感を燃やすことが重要です。

自分が生きている意味＝「使命」と向き合い、考えることによって、守護霊を強く感じられ、ワクワクした人生を送ることができるようになるでしょう。

第2章

守護霊と使命

1 私たちの使命

第1章でお話ししたように、私たちは生まれる前に使命を決めています。そして、この地球ではその使命をまっとうすることを目標に生きているのです。

後悔のない人生というのは、使命をまっとうできた人生です。生まれる前に決めてきた使命を体験できると、あなたはよりよい人生を送ったことになります。幸福感も使命に紐づいていますし、素晴らしい人間関係もやりがいも寿命も、すべて使命に結びついています。

では、使命とは具体的になんでしょうか？

その答えは**「地球でしかやれないこと」**です。地球でしかやれないこととは、死んだ後には体験できないこと、地球以外の他の星ではなかなか体験できないことを指します。

死んだ後に体験できないこととは、次のようなものがあります。

・物体や人に触れること
・美味しい食事を楽しむこと
・お金を稼ぐこと
・承認欲求を満たすこと
・運動をすること
・音楽を聴くこと
・温度を感じること
・結婚、離婚、妊娠、出産
・触れることで愛情を感じること
・感情を味わうこと
・欲望を満たすこと
・美容や美しくなること
・本を読むこと
・大笑いすること
・洗うこと、清潔になること
・性別の違いを味わうこと
・アドレナリンが出るような興奮を感じること
・苦労や努力（死ぬと願い事がすぐ叶うようになるため、苦労や努力をすることができません）
・誰かを推すこと（守護霊になったら誰かをサポートすることはできますが、それは自ら進んで行うことではなく、他の力によって配置されたうえで行うもの。誰か個人を好きなように応援できるのは生きているからこそ）

また、私は地球以外の星の存在とコンタクトをとることがあります。彼らは、地球でしかできないこととして、次のようなことを教えてくれます。

・美しい自然を見ること
・神秘的な昆虫を見ること
・人種の違いを感じられること
・絵画や音楽など、芸術を体験すること
・繊細な生き物を見ること
・言葉を話すこと
・旅行をすること

つまり、地球に生を受けた私たちは、こういった「地球でしかやれないこと」を体験するために生まれていると言っても過言ではないのです。

あなたが自分の使命に気づくことができると、「地球になぜ生まれたのか？」「地球でやるべきことはなんなのか？」の答えが出ます。
そしてそれが、守護霊がサポートしてくれている理由であり、守護霊との足並みがそろうようになるポイントでもあるのです。

このように、**守護霊と使命は切り離せない関係です。**使命を理解しないと守護霊のパワーをいただくことができませんので、まずは使命について詳しくお話ししていきます。

2　人生にはワクワクがあふれている

まず、使命をまっとうしているかどうかは、あなたがワクワクしているかどうかでわかります。

目が覚めたとき、ワクワクしていますか？

仕事に取りかかるとき、ワクワクしますか？

友人と会うとき、ワクワクしますか？

家族と過ごすとき、ワクワクしますか？

くつろぐとき、ワクワクしますか？

使命をまっとうしていると、こんなふうに「ワクワクする」という感覚をたくさん得られます。

ワクワクするという感覚は、次のような場合に抱く気持ちに似ています。

・子どもの頃に公園に行ったとき
・子どもの頃におもちゃ屋さんに入ったとき
・思春期に恋愛をしたとき
・旅行に行く前
・自信のある演目を人前で発表するとき
・好きな作品を楽しむとき

あなたの人生は、ワクワクであふれていますか？　もしあふれているならば、使命をまっとうしていると言えるでしょう。

もしもワクワクしていないというなら、使命を見失ってしまっているかもしれません。それに伴って、守護霊との関係も希薄になっているでしょう。

3 使命をまっとうしているかチェックしよう

あなたが使命をまっとうしているかどうか、チェックテストを用意しました。次の問いに「はい」か「いいえ」で答えてみてください。

1. 朝、起きることが楽しみだ
2. 人生がスムーズに進んでいる感じがする
3. チャレンジすることに抵抗感がない
4. 感謝する気持ちが湧いてくる
5. デジャブ（既視感）がある
6. 関わっている人に恵まれている
7. 小さい頃から得意だったことや学んだことがとても活かされている
8. お金に困っていない。もしくは困らないようにサポートが入る
9. 評価がついてくる
10. 健康的に過ごせている

①から⑩で「はい」が7つ以上の場合は、使命をまっとうしているといえます。あなたは自分の使命に気づけていて、守護霊もあなたの使命をしっかりとサポートしてくれている状態でしょう。

10年前の私は、このワクワクするという感覚を見失っていました。

民間企業に勤めていた頃、毎朝嫌な気持ちで起きて、満員電車に揺られて仕事に向かっていました。毎日のように残業をし、ちょっとしたご褒美として1ヶ月に1回焼肉屋さんに行くことが唯一の楽しみでした。

土日は寝て過ごし、月曜からの仕事に備えます。休日が楽しみというわけではなく、趣味などで前向きに過ごすというよりも、月曜日という最も嫌な日から逃げるように、目をそらして土日の時間を過ごすという感じでした。借りてきたDVDを見たり、外出したりもしましたが、そこにはワクワクはなく、月曜日が来てほしくないという恐怖心のほうが強かったです。


私がワクワクする気持ちを持てるようになったのは、民間企業を辞め、自分の時間を取り戻したからです。恐怖やしんどさを感じるものから遠ざかったときに、

「ワクワクする」という感覚を得られるようになりました。

ただし、会社を辞めてからも半年くらいは抜け殻のような状態で、何の感情も湧き上がってきませんでした。半年間の休みを経て、余裕のある時間、余裕のある心と体が整ったときに、「ワクワクする」という感覚を得られるようになりました。

子どもの頃のワクワクする感覚は、大人になるにつれて忘れてしまっているものです。それを思い出すためには、時間的な余裕を持つことと、余裕のある心と体づくりが必要です。

4 使命にはレベルがある

使命は、全員が同じ重さ、大きさというわけではありません。生まれる前、使命を決める際に、実はそのレベルも決めています。レベルを決めることで、自身の成長速度や守護霊の経験値（守護霊の霊格）が調整され、より相性のいい守護霊が配置されることになります。

レベル1……自分を満たすレベル
レベル2……人間関係や身のまわりの問題を解決するレベル
レベル3……特定の業界や業種に影響を与えるレベル
レベル4……地域、時代、国に影響を与えるレベル

レベル1は、「自分を満たすこと」が人生の生きる目的です。自分自身の内面を磨くこと、成長させること、変化させること、苦手なことを克服することなどが使命です。

レベル1が使命の場合は、人格が練磨されるような試練が起こったり、幼少期のトラウマを癒やさなければいけない出来事が起こったり、パートナーシップを通して愛情に触れられたりと、人や動物、物、現象を通して「自分を満たしていくこと」が目的となります。

レベル2は、「人間関係や身のまわりの問題を解決すること」が目的です。家族間のゴタゴタ、友人関係のトラブル、お金の問題、会社の同僚との問題など。基本的には人間関係の問題が起こりやすく、それを解決することに時間を費やし

がちです。そして、人間関係のトラブルを解決するときに、生きがいややりがいを感じます。

人間関係がスムーズにいくようになったり、家族仲がよくなったりすると、ワクワクする感覚や幸福感が高まります。


レベル3は、「特定の業界や業種に影響を与えること」が目的です。

レベル1、2は自分自身や身のまわりの問題解決でしたが、レベル3になると、対象がやや広い世界になり、そこで存在感を出していくことになります。自分が満たされ、問題も解決されたので、次に自分の影響力を使って他者に影響を与えていくフェーズに入るのです。

影響を与えられる範囲は、特定の業界や業種。あなたが働いている業種や業界かもしれませんし、何か趣味で所属している団体などかもしれません。

影響を与えるとは、自分がいることで業界や業種が変化、進化することです。それを体験するとワクワクしたり、幸福感を味わえたりします。


レベル4は、「地域、時代、国に影響を与えること」が目的です。自分が整い、身のまわりの問題が解決し、関わっている業界などに影響を与えられるようになった人は、次にはもっと大きな枠組みに影響を与えることができるようになります。

ある特定の地域を変化、進化させたり、時代を動かすきっかけを作ったり、国レベルで必要とされる存在になったりします。それが生きる目的であり、それほどのパワーを生まれながらにして持たされているということになります。

政治家、世界的に有名なエンターテイナー、歴史に残るような偉業を成し遂げた人たちなどは、まさにこうした使命を持っているのです。

5 使命レベルの注意点

使命のレベルは高いからいい、低いから悪いということではありません。生まれる際に、「自分が集中して手に入れたいもの」を決めて生まれてくるので、レベルの高い低いはその人の目的によるのです。

もしあなたが非常に前向きに生きることができ、生きている間にレベル1をクリアできたとすれば、あなたは自然とレベル2の使命に進むことになるでしょう。

使命のレベルは積み上げ式なので、突然レベル1からレベル4になるということはありません。基本的には、レベル1をクリアしたら、次は2、というふうに積み上げていきます。

もしあなたが非常に前向きに生きることができ、スムーズに使命をまっとうできたならば、レベル1をクリアするために生まれていたとしても、寿命を終えるまでにレベル4になっていることもあります。


私たちに必要なことは、まずは自分の使命について考えてみること、そして使命の内容やレベルを把握して、一つずつクリアしていくことです。ロールプレイングゲームをクリアしていくようなイメージで、順番にクリアしていくと、最終的には非常に大きな影響力を持つようになり、国や世界に影響を与える人になっていくのです。

今、まだあなたがそこまで求めていないというのであれば、レベル1からゆっくりと積み上げていきましょう。

6 使命レベルをチェックしよう

あなたの使命レベルはどの段階にあるのか、調べることができます。次の10個の問いに答えて、チェックしてみましょう。

❶ よく悩むことは？

Ⓐ人間関係　Ⓑ生き方

❷ 願い事が一つ叶うとしたら？

Ⓐ苦手なことを減らしてほしい　Ⓑ得意なことを増やしてほしい

❸ カリスマ性は？

Ⓐ高くないと思う　Ⓑ高いと思う

❹ 小さい頃からリーダーになることは？

Ⓐほとんど経験がない　Ⓑ多い

❺ 国際問題や社会問題について

Ⓐあまり関心がない　Ⓑ非常に問題意識がある

❻ 死ぬときに後悔しそうなのは？

Ⓐ幸福感をもっと感じたかった　Ⓑ世の中をもっと変えたかった

7 忙しくなることは？

Ⓐ面倒だから嫌だ　Ⓑどんとこい！

8 性格や性質は？

Ⓐ神経質で繊細に考える　Ⓑ大雑把で大胆不敵

9 脳の中で常に考えていることは？

Ⓐ過去のこと　Ⓑ未来のこと

10 人生における苦労や課題について

Ⓐ今はまだ道半ばで苦労している途中

Ⓑ苦労や課題はもう乗り越えたと自負している

11 目標や夢は？

Ⓐ身近な幸せを体感したい　Ⓑ大きなことを成し遂げたい

ⒶとⒷの数はどちらが多かったですか？

Ⓐは、使命レベル1または2です。

Ⓑは、使命レベル3または4です。

使命レベルは大きく「1、2」と「3、4」で分けられます。

Ⓐが多く、使命レベル1、2の人は、まずは自分を満たすこと、目の前の問題を解決することに集中しましょう。自分が幸せになることを使命だと仮定して、一生懸命自分を満たしてみてください。

Ⓑが多く、使命レベル3、4の人は、自分が満たされていて問題が解決されたという自信が既にあれば、「影響を与える」ことを使命だと考えてみましょう。

「影響を与える」ということを難しく考える必要はありません。自分が大切だと思っている考え方や生き方、ポリシーなどを発信してみてもいいでしょうし、得意なことや影響を与えられると思うことを、勇気を出して開示してみてもいいでしょう。あなたは影響を与えることで、よりワクワクする感覚や「生まれてきてよかった」という感覚を得られるようになるでしょう。

●レベル1、2だと思っていたけれどレベル3、4だった人

自分が満たされていて、まわりの人たちの問題も解決されているならば、あなたの生きる使命を「世のため人のため」に設定し直してみましょう。

使命を設定し直すことで、現実も動き出します。今までは自分のため、家族のためだった人生から、広い範囲に影響を与えてみることを目標にしてみましょう。

●レベル3、4だと思っていたけれどレベル1、2だった人

もっと地域や国レベルに影響を与えたくても、現実がうまく伴っていないかもしれません。

ここで大切なことは地固めです。まずは自分を満たすこと。自分が毎日幸福を感じられるようになることを目指してみましょう。そして、レベル1→2と積み上げていくことを意識しましょう。

●使命を設定し直す重要性

まずは使命を意識することが重要です。なぜなら、前にお話しした通り、使命に沿って守護霊が配置されるからです。もちろん使命を設定し直すと、守護霊が代わることもあります。

使命レベルがわかったら、改めて使命を設定し直してみましょう。

繰り返しになりますが、使命レベル1、2だった人は、まずは自分を満たし、身のまわりの人を幸せにすること、レベル3、4だった人は影響力を高めて世の中にインパクトを与えようとすることを意識して、使命を考えることが大切です。

そうすることで、あなたの使命感は強くなり、人生が加速する感覚を得られるでしょう。

7 使命レベル1の人が使命をまっとうするためにやるべきこと

使命レベル1の人は、自分を満たす習慣を身につけましょう。特に自分を満たすことができていないと感じている人は、自分を満たすことに集中してみましょう。

幸福感の土台となり、使命をまっとうする中でも最も重要なのが、この自分を満たすという行為です。地球は、無意識に生きていると攻撃をされていると感じたり、しんどい思いをしやすい場所です。そんな環境だからこそ、意図的に自分を満たそうとすることで、さまざまな生きる活力が出てきます。

自分を満たすために、次の3つのSTEPを意識してみましょう。

STEP1　1日1回以上自分にご褒美を与える
STEP2　「ある」日記をつける
STEP3　嫌なことを極力減らす

STEP1 1日1回以上自分にご褒美を与える

自分へのご褒美を、1日1回以上用意しましょう。ご褒美を「ご褒美」と意識するだけでも、非常にいい効果があります。

例えば、毎日何気なく飲んでいたコーヒーを「ご褒美」だと意識して、しっかりリラックスできるときに飲むようにしましょう。それだけでも人生の幸福感を高めることができます。

大好きなテレビ番組やYouTubeの番組を何気なく流し見するのではなく、ゆったりした空間できちんとリラックスする環境を整え、楽しみにして見るだけでもご褒美感を高めることができます。いつも買う飲み物やおやつをちょっと高級なものに替えてみる、などもいいですね。

何気ない工夫ですが、これらを続けると、満たされていると感じられるようになります。

STEP 2 「ある」日記をつける

日記を書く際に、「ある」ものを中心に日記をつけましょう。例えば、家のまわりにお花がある、家族がいる、ペットがいる、仕事がある、温かいお風呂がある――というように、身近にあるものに目を向けてみます。

例として、私が書いた日記を公開します。私は手書きが苦手なので、スマホに日記アプリを入れて、日々の「ある」ものに目を向けた日記を書き残すようにしています。

> ○月○日　晴れ
> 朝から太陽が出ていてとても暖かく、心地よい気持ちになれた。朝、コーヒーをゆっくり飲む時間を持てた。美味しいコーヒーだった。
> 今日は昔からの友人に会えた。懐かしい話ができて、有意義な時間を過ご

せた。とてもいい1日だった。

家に帰ると子どもたちが「おかえり」と出迎えてくれて、愛情を感じた。夜ご飯のパスタも美味しく作れたと思う。明日はYouTubeの撮影なので早めに寝よう。あったかい布団があることが幸せだな。明日も頑張ろう。


「ある」ものに目を向けるようにすると、自然と「感謝する」気持ちが湧いてきます。ありがたいという気持ちを感じられることで、満たされたという気持ちを感じることができます。

STEP 3 嫌なことを極力減らす

嫌なことをやると、自分は満たされなくなります。それが習慣化してしまうと最悪です。不幸感を抱きやすくなってしまいます。

嫌なことを減らすためには、まず、物事に対して「嫌だ」と認めることが重要です。それから、「どうやったらこの嫌な気持ちを軽減できるか？」をできるだけ具体的に考えます。その方法が見えてきたら、実際に軽減させる行動をとります。

私が実際にやっている、嫌なことを極力避けるための方法を紹介します。

嫌なことを全部避けるわけにはいかないと思うので、可能な限り、嫌なことを軽減する方法にお金を使ったり、どうにか楽しみながらできる手段を考えたりと、工夫することはできます。嫌なことが減るだけでも、自分を満たすことにつながります。

●yurieが嫌なことと、それを避けるための方法

日常のこと

・お皿を洗うこと ↓ 食洗機を購入する
・洗濯物をたたむこと ↓ 大好きな映画を見るときに、ついでにたたむ
・毎日の献立を考えること ↓ 簡単に作れる料理本を購入し、丸々真似する

仕事

・事務作業 ↓ 人を雇う

友人関係

・前もって予定を立てておくこと ↓ 当日誘ってくれた人と遊ぶ
・時間通りに行くこと ↓ 15時など、午後にゆっくり集合できる時間を待ち

合わせ時間に設定する

あなたにとって嫌なことはなんでしょうか？

人の愚痴を聞くこと、階段を上ること、夜ご飯の献立を考えること、上司に怒られること、蚊に刺されてしまうこと……などがあるかもしれません。

「嫌だ」という感情に蓋(ふた)をしたり、感覚を見逃したりせず、自分の心に向き合い、素直に考えてみましょう。

●満たされているかチェックしよう

STEP 1〜3を実践した後、本当にあなたが満たされているかどうかを、次のチェックテストに沿って確認してみましょう。

1 「ありがとう」という言葉が自然と出る

2 時間に余裕が出てきた

3 悔し涙や悲しい涙ではなく感謝や感動の涙を流すようになった

4 体温が上がった気がする。体が温かく感じる

⑤嫌いな人と縁が切れ、いい人との出会いが増えた
⑥人生の楽しみが増えた気がする
⑦植物や花などを家に飾ろうという気持ちになっている
⑧お金に余裕が出てきた
⑨「優しくなった」「性格が丸くなった」と言われるようになった
⑩呼吸が深くなった

①から⑩で思い当たることが多ければ、あなた自身が満たされているということです。これは定期的に確認するようにしてもいいでしょう。

自分が満たされると、余裕ができます。人生が充実しているように感じ、幸福感が高まります。自分を満たさないと他者を助けたり、大きな影響力を持ったりすることは難しいので、まずは枯渇している自分に水を与えることが必要です。

イメージワークが得意な方に向け、自分が満たされるように感じられるワークもご紹介します。

image work

1. リラックスできる服で目をつむります。
2. 脳の中にスクリーンを用意しましょう。
3. そのスクリーンに映画を投影させるように、お風呂を思い描いてください。そのお風呂にはお湯がたっぷり入っていて、今にもあふれそうです。そのお風呂にザッパーンと入って、お湯が外に流れ出しながらリラックスしてお風呂につかっている模様を想像します。
4. お湯が無限に湧いてきて、体が芯から温まるようなイメージをしましょう。脳内のスクリーンに映画のように投影して見る方法でもいいですし、体感できそうであれば、自分自身がお風呂につかっているような感覚を持てたらないいです。指先まで温かくなる感覚を得られたら最高です。
5. もう十分味わった、満たされたと思ったらお風呂から出ます。

これが自分を満たすワークです。お湯が潤沢にあるということ、体が温まるということを意識してイメージングしてみましょう。実際に体がポカポカし、「あ～、幸せだな」と思えたらとても効果があります。

イメージしにくいという人は、実際に温泉に行き、お湯があふれる体験をすることも、自分を満たす練習になるでしょう。

8 使命レベル2の人が使命をまっとうするためにやるべきこと

もし、自分は満たされてるけれどもまわりがゴタゴタしている、という場合は、レベル2の人間関係の問題解決に取り組んでいきましょう。

人間関係の問題が常に目の前にあり、苦しんでいる人は多いです。私がセッションをしていた頃、クライアントの80％以上は、人間関係のトラブルの相談でした。

人間関係のトラブルは、両親、義両親、子ども、パートナー、友人知人、ご近所、仕事仲間との関係など、幅広くあります。人間関係が不調和だと、人生の幸福感も下がってしまいます。孤独感が強くなったり、日々のストレスも感じやすくなったりするでしょう。

人間関係で悩んでいる人の心が楽になる方法として、次のようなワークがあります。

STEP 1 自分と介入すべき問題との線引きをきちんとする
STEP 2 断るスキルを鍛える
STEP 3 実現可能な目標、全員が60%ハッピーな状況を目指す
STEP 4 自分の幸せに集中する

STEP 1 自分と介入すべき問題との線引きをきちんとする

人間関係において大切なことは、「線引き」をきちんとすることです。線引きというのは、**「自分の問題かそうではないのか？」**を区別することです。

「自分がきっかけでスタートして、責任をとらなければいけない問題」

「自分の進路や成長、進む道に直結している問題」

「主語が自分から始まる問題（私の○○の問題など）」


こう認識できるなら、「自分の問題」です。これ以外の問題はあなたの問題ではないので、くよくよ悩む必要はありません。

セッションをしていると、自分の問題ではないのに首を突っ込んでしまっていたり、自分の問題なのに目を背け続けていたりしている人をよく見かけました。それは、「自分の問題かそうではないのか？」の線引きができていない状態です。

特に、自身の両親の問題を必要以上に自分の問題だと感じて、問題に巻き込まれてしまっています。

●親子関係の悩みについて

人間関係の問題の中でも、とりわけ親子関係の問題は厄介です。私のセッションで、両親との関係について悩む人たちの守護霊からいただいた回答をお伝えします。

「親が子どもの面倒を見るのが基本で、子どもが親の面倒を見る必要はない」

大人になっても親の面倒を見なければいけない、親と依存関係になってしまって関係を遠くできない、と悩んでいる人は多いです。

そういった人の守護霊に聞くと、いつもご先祖様が現れて「親が子どもの面倒を見るのが基本であって、子どもが親の面倒を見る必要はない。子どものあなたはあなたの人生を生きなさい」というメッセージを受け取ります。

子どもは必ずしも親の面倒を見る必要はなく、「面倒を見て」と頼まれたら、介護やヘルプしてくれる民間企業、国や地域のサービスを探すだけで十分です。そういったことは手伝ってあげていいでしょうが、同居して面倒を見たり、すべてのお願いを引き受けすぎたりしないようにしましょう。

理想的な親子関係は、**「親は親の問題を自分で解決し、子どもは親と1年に数回会うなどの関係」**です。会ってお互いの近況を話し合ったり、人生の充実感について語り合ったりできると非常に理想的です。

しかし、なかなかうまくいかないこともあると思いますので、両親が健康なときに、「自分のことは自分で解決しよう」と話し合っておくこともいいと思います。

●親子関係の悩みのQ&A

両親との関係における悩みはとても多いです。いくつかの例と、守護霊による回答を紹介します。

Q1 シングルマザーで育ててくれた母親が、脳出血で半身麻痺（まひ）になりました。介護や手伝いが必要ですが、毎日手伝うのはよくないことですか？

A1 お母様が大変な状況なのに放っておくことは難しいかもしれませんが、子どもとして「手伝える日」と「手伝えない日」を決めて、手伝える日には精一杯手伝ってあげましょう。

あなたがすべての予定をキャンセルして、夢や自分の人生を諦めてまで手伝う必要はありません。あなたが手伝える範囲で手伝ってあげることが重要です。

きょうだいがいる場合は、ローテーションで担当を回すなど、一人に負担がかからないように工夫しましょう。

民間や国のサービスを利用できるように、親のほうが貯金をしておくことも重要です。

子どもは親が持っているお金をサービスに使いながら、自分の人生を犠牲にしすぎない程度で関わっていくようにしましょう。

Q2 30歳を超えていますが親と同居しています。同居しているため、家の問題は自分にも直結します。どうしたらいいですか？

A2 可能であれば、成人するか社会人になったら家を出るようにしましょう。

社会人になってもなお実家にいる場合は、親子共依存になってしまっている可能性があります。**共依存とは、相手との関係に依存しすぎていて、相手がいないと生きていられない状況になっていることです。**そうなると、親の問題は自分と直結しすぎてしまい、あなたの問題ではないことも、その都度悩まなくてはいけなくなってしまいます。悩みの数が増えてしまうということです。

家を出ることは、実質的に親と距離をとれることになり、親との問題から距離を置けるようになります。自分の悩みに集中すればよくなり、思考も生き方もシンプルになります。

Q3 親に孫の面倒を見てほしいため、よく会っています。これは共依存になりますか？

A3 親との関係がギブアンドテイクになっていて、お互いにメリットがあり、いい関係なのであれば問題ないと思います。

しかしながら、あなたの悩みのほとんどが両親に関することだったり、孫を会わせないと嫌われてしまいそうで怖いと感じたり、孫を通してお互いに嫌がらせをし合っていたりしたらよくない関係です。そういう場合は、預け先を変えるなどして、適切な距離を取りましょう。

Q4 親といい関係かどうかはどうやったらわかりますか？

A4 次のような気持ちがベースにあれば、とてもいい関係と言えます。

・親と一緒にいるときに苦痛が少なく、会うと元気が出る
・親に対して言いたいことを言えている
・親に会うかどうか、親孝行をするかしないかを自分で選べている（自分に決断権がある）

一方、次のような気持ちになってしまうのであれば、共依存になってしまっているかもしれません。

・親の愛情を兄弟姉妹に取られてしまうかもしれず不安
・親に関わっていないと怒られてしまいそう、嫌われてしまいそう
・親は自分がいないと死んでしまうと思う。親は自分がいないと生きていけない

共依存になってしまうと、あなたは共依存者の分の悩みも背負ってしまうことになり、いつまでたっても悩みはなくなりません。大切なのは、共依存関係を切っていくことです。

●問題の線引きを混乱させてしまう「共依存」とは？

先ほどのQ＆Aで出てきました「共依存」について、詳しく説明します。

「STEP 1 自分と介入すべき問題との線引きをきちんとする」を実現しにくくしてしまうのは、共依存です。**共依存は、自分に焦点が当たっておらず、依存先の相手と同一化してしまいます。そのため、相手の問題を自分の問題だと感じてしまい、悩みの選別が難しくなります。**

共依存は親子だけでなく、恋人、友人、仕事仲間でも起こります。共依存ではない関係を保つことで、人間関係のトラブルを抑えることができます。

パートナーシップ、友人、知人にも使える「共依存を切る方法」としては、次の2つがあります。

❶第三者に意見をもらう

親との関係を第三者に相談してみると、親子関係を冷静な視点で見ることができます。関係が近すぎる、関係がいびつだと言われた場合は、それを信じてみるといいでしょう。共依存は距離が近すぎて普通の感覚を忘れがちになってしまいます。第三者に相談して、冷静な意見をもらうことはとてもいいです。

❷依存先を分散する

共依存が切れてしまうと、他の依存先を探してしまいます。恋愛依存や性依存、アルコール依存に転換してしまうこともあります。ですので、共依存を切ろうと思ったときには、他に依存先を複数作っておくといいでしょう。

依存先を持つこと自体は、悪いことではありません。複数持って、依存の度合いをコントロールできるといいでしょう。

分散するといい依存先として、具体例を挙げます。

・友達　・趣味　・インターネット　・食事
・運動　・読書　・音楽鑑賞　・推し活　・料理
・アドレナリンが出るスリルがあること

依存先を分散することで、共依存を切ったときの反動を抑えることができます。

依存先を増やしておき、共依存の対象と距離を置くように意識してみましょう。

最後になりますが、共依存を解くために、次の魔法の言葉を毎晩寝る前に唱えてみましょう。

「私の問題は私の問題。あなたの問題はあなたの問題」
「あなたと私は別の人格。私とあなたは違う人間」

自分と介入すべき問題との線引きをきちんとするためには、まずは共依存を断ち切ること。それから問題を「自分の問題」に絞って、それにのみ向き合うようにしていきましょう。

STEP 2 断るスキルを鍛える

人間関係を整理するために必要なスキルは、断るスキルです。日本人は「YES」と言うことよりも「NO」と言うことに抵抗を感じやすいです。セッションを見ていてもやはり、「NO」と言えないことで問題を拗(こじ)らせている人は多かったです。

断れるようになると、余計な問題に巻き込まれることを防げますし、必要以上の予定をキャンセルすることで、時間的、金銭的な余裕から人に優しくできるようになったり、人間関係にも余裕が生まれたりするようになります。

断ることに抵抗がある人は、次の3つのポイントを意識してみてください。

point

1.「ありがとう」など、ポジティブな言葉から文章を始める
2. 断る理由を曖昧にせず伝える
3. もしまた会いたい相手ならば、次回会う提案をする

断るときには、まずは誘ってくれて嬉しいというポジティブな反応を返しましょう。

そして、次にその理由を伝えましょう。「もしかしたら行けるかも……」など曖昧にせず、「○○があって残念ながら行けません」のように明確に伝えるといいです。

もし継続して会いたい相手ならば、「3ヶ月後の○○でまた会えると思います」

のように、会えると思われるタイミングを具体的に伝えるといいでしょう。

断りを入れてしまうと、その後の反応などが気になってしまうかもしれませんが、気にして時間を過ごすことは非常にもったいないです。「断りを入れる」=「時間に余裕ができた。時間貯金ができた」とポジティブに変換して、その余裕ある時間を有効に使いましょう。

STEP 3 実現可能な目標、全員が60%ハッピーな状況を目指す

人間関係はバランスです。全員が100%幸せになれるということはありません。どこかを立てるとどこかが立たなくなるのが人間関係です。

人間関係でトラブルを抱えやすい人は、どうしても特定の人への100点を目指して、バランスを崩してしまっている傾向があります。例えば、「親に100%喜んでもらうために、自分を犠牲にしすぎてしまう」「パートナーの言い分を100%通すために、自分が我慢してしまう」などという話を聞いたり、実際に自分がそういう経験をしたりする人も多いと思います。

誰かを100点、100％にするために自分が我慢してしまったり、他者を否定してしまったりすると、トラブルが起こる可能性は非常に高いです。

人間関係は常にバランスなので、全員が100％を目指すのではなく、「60％ハッピーな状態になれば御の字だ」と思えると楽になるかもしれません。そして、それであなたが我慢する必要はなく、あなたも「60％の幸せを受け取っていい」と思ってください。

STEP4 自分の幸せに集中する

問題の整理ができたり、断るスキルをつけたり、60％の人間関係のバランスをとれるようになると、人間関係がかなり楽になると思います。

楽になったら、最後は自分に集中することです。

人は、問題が解決するとまた問題を探しがちです。他者の悩みに首を突っ込んでしまわないようにするためにも、自分のやりたいことを明確にして、そこに集中することが大切です。

そうすると使命レベル1、2が満たされて、次は使命レベル3、4へ向かえるようになるでしょう。

自分の幸せに集中するためにおすすめのワークは次の通りです。

work

1. 自分で寿命を設定してみる
2. カウントダウンアプリを使って寿命までの時間を測ってみる
3. 死ぬまでにやりたいことリスト100を書き出す
4. 3.を一つずつ集中してやっていく

私は寿命を85歳に設定しており、それまでにやりたいこと＝「やりたいことリスト」を、次のように具体的に挙げて生活しています。

yurieのやりたいことリスト

①ハワイまたはアメリカに住む
②3ヶ月に1回ほど、京都を訪れるような生活をする
③英語を話せるようになる

④海外のお友達を増やして新しい価値観を取り入れる
⑤海や湖を見渡せるような見晴らしのいい家に住む
⑥車を運転できるようになって、好きな場所にでかける
⑦本や絵など芸術的な作品を生み出してヒットする
⑧自分だけが入れるこぢんまりした落ち着く住居を持つ
⑨オーガニックスーパーの近くに住む
⑩ワンネス村をつくって村民を増やす
⑪本を10冊ほど出版して作家業で暮らす
⑫健康に関わる会社を起業して健康な人を増やす
⑬1週間に1回以上大切な人たちとお茶をする
⑭世の中の不登校の子どもたちを救うような活動をする
⑮世の中の独身の人たちをマッチングさせるような活動をする
⑯世の中のお母さんたちが心地よい子育てができるような活動をする
⑰女性のホルモンバランスを整えられるようなヨガなどのサービスを作る
⑱大学または大学院へ通い直す
⑲心理学を習って学術的に理解する

⑳ブロードウェイミュージカルを見て刺激を受ける
㉑歯科矯正をする
㉒スペインのサグラダファミリアを訪れる
㉓冬のカナダを訪れて動物に出会う
㉔タイのお寺で瞑想(めいそう)する
㉕オーストラリアで馬に乗る
㉖イギリスに行って魔法使いの気分を味わう
㉗ハワイ島の火山を訪れてエネルギーを補充する
㉘奈良の三輪山に1年に1回は登る
㉙定期的に両親に旅行をプレゼントする
㉚ホノルルマラソンに出場する

これらはほんの一部ですが、**大切なのはできるだけ具体的に列挙すること**。自分がやりたいことを具体的に設定することで、そこからそれる行動を省くことができ、実現させようと動くことができるでしょう。

「寿命を設定するのが怖い。本当にその寿命になってしまわないか？」という不安を抱く人がいるかもしれません。ですが、寿命を設定することは、決して悪いことではありません。むしろ「それまで元気に生きるぞ！」というエネルギーが湧いてきて、血流がよくなったり、力がみなぎったりすることもあります。

不安な気持ちから寿命を設定するのではなく、前向きな気持ちで寿命を設定してみましょう。

また、カウントダウンをすることで、より集中力が高まります。自分に設定されたタイムリミットを意識することで、「使命をまっとうするためには、他者の問題や他人の問題に首を突っ込む時間はない」と改めて思えるようになるでしょう。

今の容姿、今の性別、今の時代に生まれるのは一度きり。それを能動的に楽しめるようになるためにも、カウントダウンは非常におすすめです。

さらに、行動して叶ったものはリストから消して、新しいものを書き足すといいでしょう。

やりたいことに制限をかけることはありません。「ここまでやったから満足」と思うこともあるかもしれませんが、生きているうちはいくらでもやりたいことをやり続けるべきだと思います。

9 使命レベル3、4の人が使命をまっとうするためにやるべきこと

もし、自分が満たされていて、人間関係のトラブルが解決されたら、あなたは使命レベル3「特定の業界や業種に影響を与えるレベル」、レベル4「地域、時代、国に影響を与えるレベル」に突入しているはずです。

使命レベル3、4になった場合は、より影響力を高めて活動することで、使命をまっとうしている感覚を強くすることができるでしょう。

ここで、影響力を高めるワークを紹介します。

STEP 2　ゴールを決めよう
STEP 3　SNSや発信する活動をやってみよう
STEP 4　仲間を集めて発信力を倍増させよう

STEP 1　ポリシーを決めよう

まずは、生きるうえでのポリシーを決めましょう。例えば、人を傷つけない、人と仲良くする、インパクトを与える、面白いことをやる、正直でいる、などです。

あなたが大切だと思うポリシーを3つ決めます。3つのポリシーは相反していないほうがいいですし、守り続けられるものがいいでしょう。

ちなみに私の生きるポリシーは次の通りです。

①飽きたらやめる
②人と違うことを選び続ける
③休むときは死ぬとき

小さい頃からこのポリシーで生きています。

私は嘘をつけないので、飽きたら続けることができません。そのため、飽きたと思ったら形を変える、やめるのどちらかを選択します。いやいやながら続けることはしません。

次に、人と違うことを選び続けるということを大切にしています。

小学生の頃、みんなは赤いランドセルだったのですが、私だけはピンクのランドセルでした。田舎だったのでピンクを選んだのは私だけで、それがとても誇らしかったのを覚えています。就活をしていたときも、スーツを着せられることが耐えられなくて私服ＯＫのところしか受けなかったり、みんなと同じようなことをしなければいけないことが苦痛だったので、人と違うことを選び続けました。ＡＢ型で左利きというのも、人と違うので気に入っているところです。未来を選択するときも、みんなが選んでいないものを選ぼうと決めています。

そして、ずっと「休むときは死ぬとき」と思って生きています。

昔から休むことが苦手で、小休止はあっても休んで止まるということができません。プロジェクトを自分で立ち上げてそれを遂行するとき、休むとしたらそのプロジェクトを成功させるために体力を回復させている時間だけという感じです。何かプロジェクトが終わったら、すぐに次のプロジェクトを生み出して行動するようにしています。死んだらいつでも休めますから、それまではやりたいことをやり尽くすつもりです。

このように仕事のポリシー、生きるポリシーを決めることで、自分というものを定義づけることができ、発信もしやすくなります。ぜひみなさんもポリシーを作ってみてください。

STEP 2 ゴールを決めよう

次に、仕事のゴール、または人生のゴールを決めましょう。ポリシーとの違いは、**ポリシーは生き方で、ゴールは目指している状態**のことを指します。

ちなみにわたしの仕事上のゴールは3つあります。

①スピリチュアルなサービスの高額なイメージを払拭して、安価で高クオリティなものが主流になる
②スピリチュアルの古臭いイメージをポップで明るい印象に変え、働きたい人が増える
③好きなことでお金を稼ぐ姿を見せ続ける

私はこれらのゴールを目指して行動し続けています。

実際に私が経営する会社を通して、スピリチュアルのマイナスなイメージを払拭してくれた人も多いです。

私はオンラインサロンを運営して4年になりますが、開始当初、スピリチュアル関係のオンラインサロンは非常に少なかったです。スピリチュアルなサービスは非常に閉鎖的で高額なものが多く、霊能力開花で40万円、120万円などの値付けが普通にされていて驚いていました。私はそのような閉鎖的で高額な傾向が好きではなく、スピリチュアルが遠く、手の届かないもののように感じてしまっ

ていました。

だからこそ、自分がやるときには、もっと身近で毎月利用しても負担がないようなものにしたいと思い、オンラインサロンの形にして月額888円で充実したコンテンツを提供するようにしました。

現在、オンラインサロンは会員が1万5000人を超えていて、スピリチュアルなサロンでは日本一会員数が多いサロンとなっています。オンラインサロンの会員は、スピリチュアルなことを書いたり、zoomで話して交流したりして、スピリチュアルなことを身近なものとして感じてくれています。

スピリチュアルは特別で閉鎖されたものではなく、オープンで誰もが持っている感覚であるという意識の浸透ができていると感じています。私が目指しているゴールに近づいていて、とても満足しています。

次に、古臭いというイメージをポップなイメージに変えて、働きたい人を増やすことも積極的にやってきました。

スピリチュアルは、怪談のようなおどろおどろしいイメージや、怪しげな黒い衣装を着た女性が占いをやっているようなイメージを持つ人も多いと思います。それゆえ、そこで働きたい人は少ない印象でした。

私は、スピリチュアルをおしゃれで若い女性が働きたい場所だと思ってもらえるように、イメージを一新させてきました。デザイナーを入れて会社のHPをポップにしたり、YouTubeでもカラフルな色の服を着たり、大きめのイヤリングをつけたり、オーガニックな日用品を紹介したりして、陰気なイメージを払拭するように意識しました。

現在、オンラインサロンで働いている人は30代、40代の女性が最も多く、おしゃれな女性も多く在籍してくれています。

また、オンラインサロン内で育った会員さんを、私が運営しているサイトに掲載し、占い師として働いていただける仕組みも作っています。ポップでおしゃれなイメージの場所で、働き盛りの女性が、占いというスピリチュアルな趣味でお金を稼げるということを体現してもらっています。

これは私が求め続けたゴールであり、そのゴールはもう実現しています。

私は好きなことでお金を稼ぐ姿を見せることも大切にしています。守護霊たちに見せてもらったのは、地球の人たちが好きなことでお金を稼いで、楽しく過ごしている世界でした。好きなことでお金を稼ぐ姿を私もいち早く見せたいと思い、それを実現するようにしています。

私自身が好きなスピリチュアルな仕事で起業して、オンラインサロンを運営しながら豊かに過ごす姿を見せるように努めています。大金持ちとはいきませんが、女性が自立して好きなことでお金を稼ぐ姿を見せ続けたい、というゴールを体現しています。

このようにゴールを決めたらその状態を目指して、行動していきましょう。

STEP 3 SNSや発信する活動をやってみよう

ポリシーとゴールを設定したら、SNSや発信する活動を起こしてみます。ポリシーとゴールがあれば、SNSで発信する際に、他者からのネガティブコメントなどにも動じにくくなりますし、発信に軸が見えるので、フォロワーが増えやすくなります。

どの媒体を使用するのかにも気を配ってみましょう。写真が得意な人はＩｎｓｔａｇｒａｍ、短文でのこまめな発信が得意ならばＸ、若い世代を対象にしたければＴｉｋＴｏｋ、ある程度発信したいことがあって動画の投稿と編集が苦でなければＹｏｕＴｕｂｅがおすすめです。

大切なことは**「定期的に発信し続けること」**と**「ゴールを持って、熱量を込めて発信すること」**です。

今の時代は、ＳＮＳの影響力が非常に強いので、影響力を高めていきたい人はＳＮＳでの発信力を強くしていきましょう。

ＳＮＳに抵抗があったり、利用することが難しい人は、仕事で啓蒙（けいもう）活動をしたり、友人に話したりと、身近な人に対して影響を与えていきましょう。

STEP 4　仲間を集めて発信力を倍増させよう

最終的には、ＳＮＳでの発信をきっかけに、仲間づくりをしていくことを目指しましょう。影響力を高めていったり、大きな影響を与えていったりするには、仲間が重要です。

同じようなポリシーやゴールを持つ人を集められるのは、ＳＮＳの特徴です。ＳＮＳでつながった仲間とＹｏｕＴｕｂｅで発信してみたり、オンラインサロンを運営してみたり、団体を立ち上げてみることもいいかもしれません。

これからは、家族のつながりよりも、同じポリシー、ゴールを持った人たちとのつながりが強くなる時代です。ＳＮＳを通して強く結ばれた絆で、新しい活動を始めてみましょう。

このようにして、使命レベルを1→2→3→4と順に積み上げていきましょう。それに伴い、守護霊が代わったり、チャンスの質が変わったりしていきます。同時に、生きている実感をより一層得ることができるようになり、ワクワクする人生を歩めるようになるはずです。

自分をしっかり満たすことからスタートして、国、世界へ影響力を与えるフェーズへ進化していきましょう。

10 〝使命迷子〟が使命を見つけるためのヒント

使命が見つからないと悩む〝使命迷子〟に、たくさん遭遇してきました。
いくつかの例と、その使命迷子が使命を見つけるための方法を紹介します。

事例1 親のスパルタ教育による使命迷子

使命がわからなくなる理由で最も多いのが、親の影響です。親の希望や要望を押し付けて育てられると、自分の意志が育(はぐく)まれなくなり、使命がわからなくなってしまうのです。

例えば、親が非常にスパルタで、「有名大学への進学」「医者になる」「スポーツ選手になる」「親のあとを継ぐ」など、将来の仕事やそこにたどり着くためのルートを強いられたタイプの人は、すべての行動の前提に「親はどう思うか」という疑問が存在します。その結果、自分自身が熱中することやワクワクすることに気づきにくい体質になります。

本来、人はみな使命を持っていて、使命に対して熱中しやすいという性質があります。

しかし、親が自分の要求を通そうとしてしまうと、その子どもたちは使命に気づくことができず、生きている意味や目的を見失ってしまうのです。

そのような人はどのような特徴があるでしょうか？

1. 「得意なことは？」と聞かれても答えられない
2. 「何がやりたいの？」と聞かれても答えられない
3. 「趣味は？」と聞かれても答えられない
4. 「熱中したことは？」と聞かれても答えられない
5. 人生に楽しいことなんてないと思っている
6. 自分の意見を言うことは許されないと思っている
7. 親のように立派にならなければいけないと思っている

これらのうち2つ以上思い当たる場合は、親の教育が原因でワクワクすることを見失ってしまっているかもしれません。

●事例1から自分を癒やし、使命を見つけた女性のストーリー

私のクライアントに、親のスパルタ教育で使命迷子になっていた女性がいました。彼女がどうやって自分の使命を見つけたのか。彼女自身の語りで、後日談も含めて紹介します。

私は親から非常に厳しく育てられました。特に父親は社会的に成功している経営者で、子どもにも成功してほしいと、私が小さい頃から家庭教師をつけたり、ハイレベルな塾に通わせたりしていました。

私にとってはそれが当たり前だったので、いい成績やテストで高得点をとることが人生の目的で、絶対に裏切ってはいけないことでした。青春時代を勉強に費やしてきたので、趣味や熱中することがなく、友達もほとんどいません。恋愛もほとんどしませんでした。それでも、父親から褒められることを目標に、勉強だけに邁進（まいしん）してきました。

そのおかげで有名な大学に進学しましたが、就職活動で初めてつまずくこと

になります。

まず、就職する企業を選ぶ段階で壁に当たりました。将来、自分が何をやりたいかがわからないのです。結局、社会的に評価の高い企業を受けることにしましたが、面接では「うちの会社で何がやりたいか？」と聞かれてもよくわからず、当たり障りのない回答をしていました。それに、自分が好きなことや熱中することをプレゼンしようとしても、口ごもってしまい、うまく自己アピールができませんでした。

このように、就職活動ではかなり苦労しましたが、有名な大学を卒業しているということで、なんとか食品系の有名企業に就職ができました。ですが、「本気になれない」「父親が求める通り有名企業に勤めているけれど、なんとなく満たされない」「ここが私の生きる場所じゃない」という気持ちを常に抱えていました。


そんな中、ふと小さい頃を振り返った私は、海外に関することが好きだったことを思い出しました。いろいろな国の文化が載っている資料集を眺めている時間は楽しかったし、言語の勉強もずっと続けていました。

仮に、このまま死んでしまうとしたら、「いろいろな国に行ってみたかった」と後悔するだろうと感じ、ワクワクする感覚を頼りに転職することにしました。

観光系のベンチャー企業への転職を決めて、転職活動を始めると、前回とは真逆で、驚くほどとんとん拍子にことは進みました。

面接では、昔から好きだったことを熱心に語ればよかったので、それほど悩まずにアピールすることができましたし、採用通知が届いたときは心から嬉しく感じました。

実際に転職してみると、前職と比べて勤務時間が長いうえに不規則で、給与も低かったですが、毎日が充実していました。人生で初めて、「使命に沿っている」と感じました。

使命に沿っているという感覚は、「もっとやりたい！」「寝るのが惜しい！」「明日が楽しみ！」という感覚です。給与に関しても前職のときほど神経質さがなくなり、「こんな楽しい仕事でお金をもらえるなんてありがたい！」とすら感じるほどでした。魂が喜ぶ感覚を初めて知りました。

そういえば転職初日、ふと背中が温かくなるような感覚がしたことを思い出しました。それは幼い頃、今は亡き父方の祖母が私の背中をさすってくれたときの温かさと似ていました。父親に怒られた、友達とけんかしてしまった……私が不安を感じるたびに、祖母はよく背中をさすってくれました。

さらに、初出勤する道すがら、何気なく走っている車のナンバーを見ると、祖母の亡くなった日でした。

考えてみると、この転職は面接の段取りや配属などがとてもスムーズで、私は目に見えない存在からサポートを受けているように感じていました。「あれは祖母だったのではないか。父親がスパルタなことを知っていて、ずっと私を応援してくれていたのかもしれない。父親への愛と私への愛との間で葛藤を感じながらも、サポートしてくれていたんだ」と思い、涙があふれました。

今では、私がワクワクしながら使命を生きていることを、祖母は心から喜んでくれているような気がします。父親も最初は転職に反対していましたが、楽しそうな私を見て納得しており、良好な関係を築いています。

いかがでしたでしょうか。彼女の例からわかるように、使命に沿ってないと人生がつまらない感覚がします。人生にも行き詰まりを感じます。人生の宿題をやり残しているような感じがするという人もいます。「何かをやらなきゃいけないけどできていない」という感覚がある人もいます。いずれにしても、人生への不満を抱えることになります。

それゆえ、**もしもあなたが使命を見失っている場合、まっさきに使命を思い出す作業に取り組むことが、人生を楽しむ鍵となるでしょう。**

親から厳しく育てられ、人生に張り合いが感じられない場合は、次の3つのポイントを意識して使命を探してみましょう。

❶親がスパルタだった中でも好きだったことを思い出す

親の目を盗んでやっていたことや、スパルタな中でもずっと続けていることがあなたの使命かもしれません。

❷親に理解してほしいと思った好きなことを思い出す

親は理解してくれないけど、「自分はこれが好き。その好きを理解してほしい」と思うことはなんですか？

理解してほしいという気持ちはとても重要です。理解してほしいけど、理解されなかったという過去があれば、それは使命を放棄してしまったのかもしれません。理解してほしかったという気持ちを遡ってみましょう。

❸このアファメーション（自己達成予言）を唱える

「親の人生を生きるのをやめ、自分の人生を生きます」

「親が原因で諦めてしまったことを思い出し、人生をかけて追求します」

事例2 得意を重要視しすぎて、ワクワクがわからなくなってしまった使命迷子

得意なことを伸ばしすぎても、使命を見失ってしまうことがあります。

使命はワクワクすることであって、必ずしも得意なこととイコールではありません。もちろん得意なことの場合もありますが、すべて得意なことが使命とつながっているわけではないのです。

例えば、あなたはライティングが得意だとします。文章を書くことがとても得意だとして、在学中、作文や読書感想文、論文など、ライティングスキルを褒められてきたとします。

とにかく文章を書くことが得意なので、それを伸ばし、ライターの仕事を始めたとします。しかし、心にぽっかりと穴があいている感じがして、ワクワクする気持ちがまったく湧いてこないということがあります。

それは、得意なことが使命ではなかったからです。

そのような人はどのような特徴があるでしょうか？

1. ワクワクするという気持ちがわからない
2. よく褒められるが嬉しくない
3. 昇進しているが自信がない
4. 仕事に飽きている
5. 充実感や達成感が他の人のように味わえない
6. 「もっと他の道があるんじゃないか？」とよく考える

7 人生を振り返ると、やり残した感覚ややらなければいけない宿題を残しているような気がする

これらのうち2つ以上思い当たる場合は、得意を重要視しすぎてワクワクすることを見失ってしまっているかもしれません。

そういった人は、次の3つのポイントを意識して使命を探してみましょう。

❶五感を使って好きなことを探す

得意なことだけを選びつづけてきたため、好きなことがなかなかわからないと思います。今は得意不得意を置いておいて、五感に注目してみましょう。

あなたが五感で感じる好きなものはなんですか？「視覚的に好きなもの」「味覚的に好きなもの」「聴覚的に好きなもの」「触覚的に好きなもの」「嗅覚的に好きなもの」を探しましょう。まずは、好きなものを見つけることに集中するのです。

❷好きなことを100個、得意なことを30個書き出す

両方書き出してみて、好きなことかつ得意なことを10個見つけましょう。その10個を活かした仕事をするといいでしょう。

❸このアファメーションを唱える

「人生が好きなものであふれかえることを許可します」
「好きなことで、得意なことで、世のため人のために生きていきます」

事例3　世の中の固定観念に縛られてしまい、ワクワクがわからなくなってしまった使命迷子

使命は固定観念にも左右されてしまいます。

親の影響がない場合は、学校教育で教えられる内容や国の政治の状態、経済状態などに影響を受けて固定観念をつくってしまい、使命がわからなくなってしまうのです。

日常にあふれる情報に影響を受けて、固定観念をつくり、使命を見失ってしまうこともあります。日常に溢れる情報とは、主にテレビやラジオ、新聞などから

のニュースを指します。

固定観念とは、「フリーランスではなく、公務員のような安定してきちんとした仕事につくべきだ」「大学に行くべきだ」「お金は月に○万円以上は稼がなければいけない」「会社には出勤すべきで、在宅勤務をすることはよくない」などです。

こういった固定観念は、「どのようなニュースを見ていたか？」「どのような教育を受けたか」によりますので、個人で異なります。

固定観念を強く持っている人は、次のような特徴があります。

1. 家庭環境でテレビがよくついていた
2. 家族が新聞を購読していて、自身も新聞を読んでいた
3. ニュースをチェックすることが習慣である
4. 学校教育に非常に影響を受けていると思う
5. 基本的には国を信用しているし、国民は国に従うべきだと強く感じている
6. 自由さよりも、規律やルールを守ることが重要だと感じている

⑦自分がやりたいことよりも、社会的な地位や社会から見た自分を考えて進路を選んできた

これらのうち2つ以上思い当たる場合は、固定観念があなたの使命への道を見えにくくしてしまっているかもしれません。

固定観念を抜け出し、使命を見つけるため、次の3つのポイントを意識してみましょう。

❶デジタルデトックス、情報デトックスをする

スマホを見る時間を1日4時間以内に抑え、可能な限り時事ニュースを見ないようにしてみましょう。デジタルデトックス、情報デトックスをするだけでも、あなたが本来求めているものが見つかりやすくなります。

❷「固定観念かも?」と自分に問う

あなたが信じているものや選択しているものが、「実は固定観念かも?」と

考えてみることはとても重要です。まずは「自分の思考や選択が自分のものではなく、外部の情報からそう思ってしまっているのでは？」と考えることで、自分を俯瞰できるようになります。まずは疑うことをやってみましょう。

❸このアファメーションを唱える

「固定観念を外して、自分らしく生きます」
「この世界は自由さを追求していく世界だ」

●yurieの使命発見ストーリー

私が自分の使命を見つけた経緯も紹介したいと思います。

私の実家は長崎の離島で呉服屋を営んでおり、家にはいつもお客様が来ていました。母親はいつもコーヒーを出してお客様の相談事を聞いたり、世間話をしたりしていました。子どもの私は、その場に同席させてもらうのが好きで、「大人はどんなことで悩んでいるのか？」「どうやったら解決できるのか？」にとても興味がありました。

私は小さい頃から「人の悩みを聞くこと」と「どうやったらその悩みを解決で

きるのかを考えること」が好きだったのです。

また、家には大きな観音様の像があり、家族はそこに手を合わせていました。曽祖母が観音様を信仰していたこともあり、観音様をいつも近くに感じていました。

前述の通り曽祖母は地元では有名なヒーラーで、曽祖母が住んでいる家に病気を治してほしいと島の人がよく訪れていました。手をかざすと病気が和らいでいたそうです。曽祖母は観音様の力を借りて癒やしていたそうです。

私はその遺伝子をもらっているのか、心にはいつも、観音様や目に見えない存在への敬意と、人を癒やしたい、楽にしてあげたいという潜在的な欲求がありました。

さらに、相談を受けるとその答えがすぐにわかるという能力がありました。それは、後に守護霊たちからのアドバイスを受け取っているのだと気づくことになります。

成長するにつれて、スピリチュアルなことをどんどん好きになっていきました。『オーラの泉』というテレビ番組をいつも楽しみにしていて、「この人のオーラは何色なんだろう?」と目を凝らして見ていました。

心理学にも興味があり、「この人の心の中はどうなっているんだろう?」ということにも非常に関心がありました。

スピリチュアルな話や心理学の話なら、24時間365日話していられるというほど好きで、今でもそれは続いています。

私は青山学院大学を卒業し、新卒で、発達障害児向けの塾を運営するベンチャー企業に就職しました。当時、青学ではベンチャー企業に就職する人は稀で、同級生の多くは有名企業に就職していきました。

私は、働くならば「人のためにいいことをしている」と明確に実感できる仕事がしたいと思っていました。新卒で勤めた会社では、まさにそれを胸を張って言える仕事に携われて、社会貢献ができている喜びを感じられました（ただ、仕事は忙しく、次第に時間にも心にも余裕がなくなっていき、いつしか疲弊してしまっていたのは前述の通りです）。

新卒で働いた会社を辞め、子どもを二人出産したあたりから、自分らしさを追求した会社を立ち上げたいと思うようになりました。

起業するというのはまさに、自分が提供できる「得意なこと」「好きなこと」を考えて会社にする作業です。起業するときに自分の使命について考え、「得意なことや好きなことはなんだろう?」ということを精一杯考えました。

結論として、私が好きなことは次の通りだと気づきました。

- 人の相談に乗ること
- 心理学やスピリチュアルなことを扱うこと
- 人を癒やすこと
- 社会的な貢献を感じられるもの

こうして、自分を見つめ直した私が立ち上げたのは、スピリチュアルな会社「株式会社ワンネス」です。自分が得意な「守護霊たちからのメッセージを聞く」ことを主軸に、「人の悩みを解消する」という目的でそのメッセージを伝え続けています。

私は自分が好きなこと、得意なことを仕事にして、寝る間を惜しんで働いています。気持ちはとても充実していて、この仕事に誇りを持っています。

好きなことを仕事にできるということは、働くことが苦ではなくなるということです。働くことが喜びになり、生きることそのものが輝くことです。

みなさんも使命を見つけて、働くことにやりがいや生きがいを見出(みいだ)してほしいです。

11 使命の誤解

使命は、職業や仕事だと思っている人も多いですが、そうではありません。

使命というのは職業ではなく、**「○○を○○すること」**というようなある意味大きな目標のようなものです。

私が霊視した人の中に、「居心地のいい空間をデザインし、たくさんの人に楽しい時間とエネルギーを体感させること」が使命の方がいました。

その人は当時、建築やデザインとはまったく関係のない仕事をしていましたが、小さい頃から不動産の間取りのチラシを見るのが好きだったそうです。建物に興味があり、工事中の場所があれば、何が建つのか気になっていたそうです。好きなゲームは「シムシティ」。街を作るゲームにハマっていました。

その後、自分の使命を意識し始めたその人は、仕事を辞め、自営業で民泊を始めました。海外の人に向けて日本を感じられる空間を作るのがとても好きで、毎日ワクワクする日々を過ごしているそうです。

この話は、実は私の主人のエピソードです。

もう一度言いますが、使命というのは、職業そのものではありません。あくまでも「〇〇を〇〇すること」。

それが仕事になればよりハッピーですし、幸福感は高くなるでしょう。

第3章

あなたの使命を見つけよう

第2章で使命について説明しました。ここではあなたの使命を調べてみましょう。チャートをたどっていった先にあるのが、あなたの使命です。それぞれの使命の説明は、P100以降を参照してください。

普通に生活していても、困った状況にある人や苦しんでいる人が目の前に現れる
→ はい：お金や名誉には関心がなく、人を笑顔にすることが生きている理由だと思う
　→ はい：❶ ヒーラーのカード
　↓
論理的な思考を持っていて説明が得意だ
→ はい：先頭に立つ役割が多く、いつも目立つ
　→ はい：❷ リーダーシップのカード
　↓
手先の器用さには自信がある
→ はい：人とは違う独創的な発想があり、「変わってるね」とよく言われる
　→ はい：❸ クリエイティブのカード
　↓
体を動かすことが好き
→ はい：食事は人生の中でとても重要な要素を占めていて、大切にしている時間だ
　→ はい：❹ 食のカード
　↓
人から注目されることが好きで、面白いことやユニークなことをやり続けていたいと思う
→ はい：❺ カルマのカード 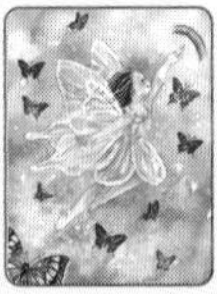
→ ❻ 自由のカード

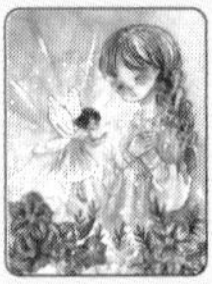

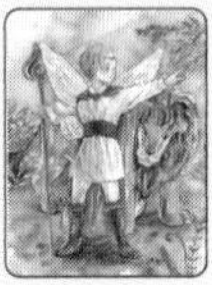

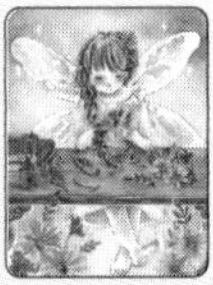

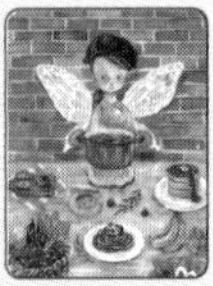

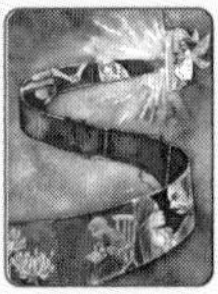

↓
❼ 肉体のカード

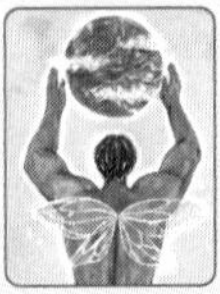

チャート式 使命チェックテスト

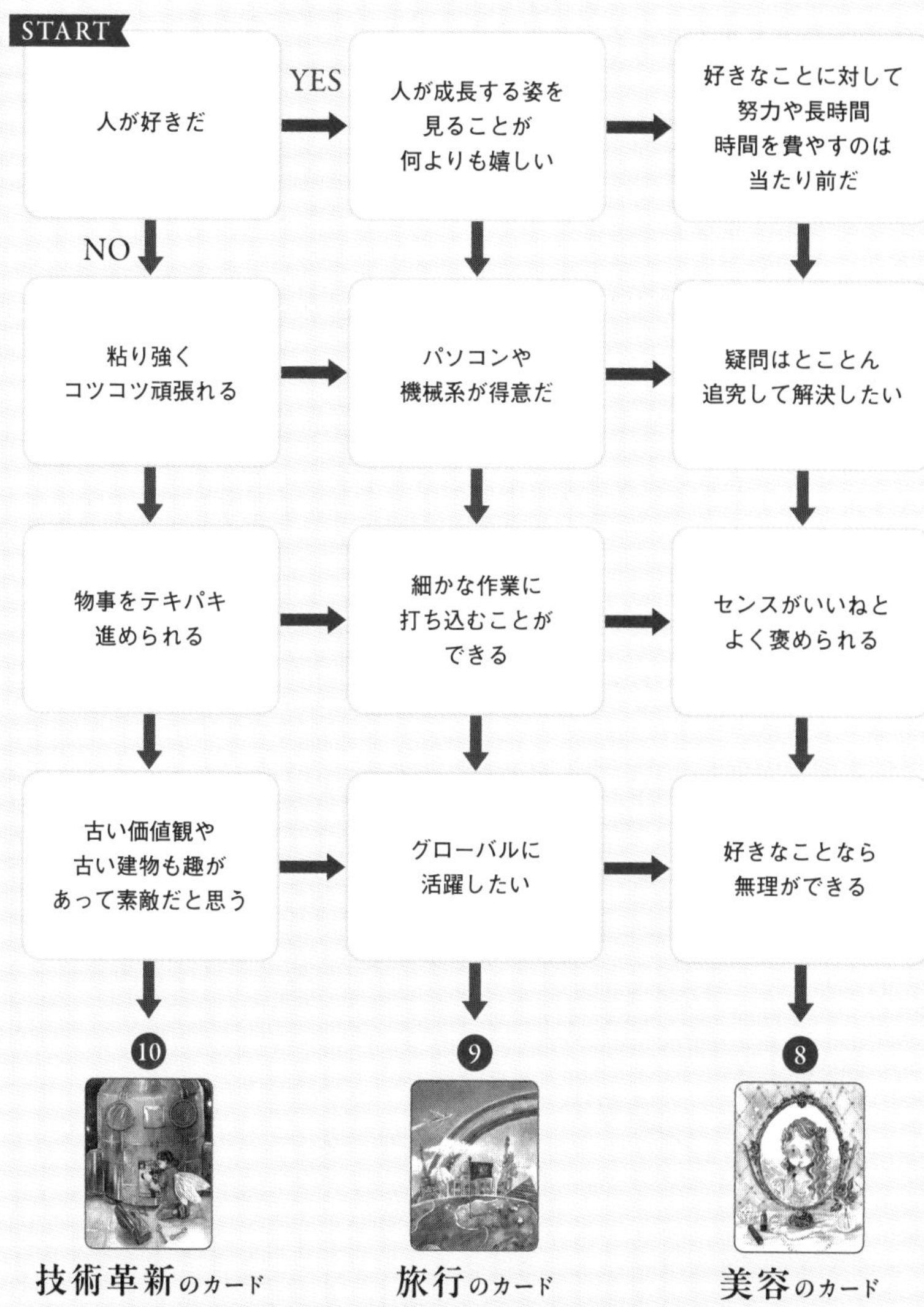

1 ヒーラー

使命

あなたの前には、苦しい状況の人や困っている人が現れやすいでしょう。理由は、あなたが癒やす使命を持っているからです。あなたの手や目には不思議なパワーが宿っています。触れると癒やされ、目をかけるとその人の心は解けるはずです。

どのような職業に就いていたとしても、あなたは人を癒やすというポジションに立ち、困っている人に力を貸すといいでしょう。そうするとワクワクする感覚や、使命感を得られるはずです。

注意点

ヒーラーは知らず知らずのうちにエネルギーを分け与えてしまうため、疲労を感じやすいです。人といるとどうしても人を癒やそうとしてしまうため、一人でゆっくりできる時間をしっかり確保しましょう。健康的で栄養のある食事をとることも重要です。浄化とエネルギー補給の時間を確保しましょう。

エネルギーがすすけて黒くなってしまうことがあるので、塩風呂に入ったり、滝や温泉で浄化したりするようにしましょう。水晶も相性がいいので、水晶を部屋に置いたり、持ち歩いたりすることもいいでしょう。塩を舐めるのも、浄化に役立つのでおすすめです。

また、エネルギーに影響を受けやすいので、メンタルの繊細さには注意が必要です。"繊細さん" と言われることもあるかもしれません。人からジャッジされてしまう環境や、ネガティブなことが多い職場にいると、かなりの疲労が溜まるので、ポジティブな事柄を扱うような職種や、ジャッジされることが少なく、できれば褒めてもらえるような環境を選ぶといいでしょう。

向いている職業

カウンセラー・心理士／ヒーラー／マッサージ師／介護士
スピリチュアルなものを扱う仕事／医療関係／子どもに関する仕事
世の中の問題（虐待や不登校など）を解決するような仕事

ラッキーカラー

緑／ピンク／白

2 リーダーシップ

使 命

あなたは生まれつきのカリスマ性を持っています。あなたが考えていることや発信することは非常に魅力的で、たくさんの人がついてきてくれるでしょう。

あなたの使命は、人の先頭に立ち、引っ張っていくことです。やってみたいことがあれば、率先してリーダーの役割をやってみましょう。どんな物事もスムーズに進み、ついて来る人たちも「あなたがリーダーでよかった」と思ってくれるはずです。

政治や世の中に対する問題を提起して、旗振り役をやってみてもいいでしょう。自分が持つ潜在的なスキルに気づくきっかけになりそうです。

注意点

リーダーシップが使命の人は、エネルギーが非常に強く、体も強いです。そのため、徹夜しても大丈夫だと思い、無理をしがちです。気づいたときには体を壊していたり、メンタルが限界になっていたりすることも珍しくありません。

リーダーシップを発揮しているときは、アドレナリンが出ていますので、心と体のサインに気づきにくいです。それを自覚して、定期的に心と体のメンテナンスをするようにしましょう。具体的には、強制的に休みをとる、マッサージを受ける、デジタルデトックスをする、運動をするなどです。

それらを習慣化できるとよりいいです。習慣化が苦手なので、日常の行動に組み合わせるなど、習慣になるように工夫しましょう。

向いている職業

経営者／政治家／インフルエンサー
店長・部長／営業職／広告職
プロデューサー／個人事業主

ラッキーカラー

金／赤／紫

3 クリエイティブ

使命

あなたは生まれつきアイデアが湧いてくる、創造的な人です。ゼロから生み出す才能があり、既にあるものには関心が薄いかもしれません。まだ存在していないものを生み出すことがあなたの使命なので、何かを生み出すときが最も使命感を覚え、ワクワクするはずです。

あなたに降ってくるアイデアはあなただけのもので、他者は持っていない才能です。ぜひ出し惜しみせずに、クリエイティブな才能を発揮しましょう。

自分自身を一般的でありふれた存在だと思っている人は、視点を変えてみると新たな発見があるかもしれません。奇才と言われる人の作品などを見に行くことは、刺激になるのでおすすめです。そして、あなただけのクリエイティブな創造物を一つ作ってみましょう。絵、刺繍、音楽、文字、空間など、あなたが得意だと思った方法で、自己表現してみるといいでしょう。

注意点

昔から風変わりな性格や性質のため、孤独を感じやすい面があるかもしれません。

また、クリエイティブなものを生み出すには時間と労力がかかるため、効率的に進めている他者を見ると、不平等だと感じたり、なぜ自分だけこんなに時間と労力がかかるんだと自暴自棄になってしまったりするかもしれません。

時間と労力をかけて情熱的な作品を創造することが使命であって、それがあなたに与えられた才能です。創造することを楽しめるようになると、幸福感は非常に高くなるでしょう。

向いている職業

イラストレーター／デザイナー／ web デザイナー

芸術家／動画クリエイター／カメラマン／ライター

小説家／作家／漫画家／企画職

ラッキーカラー

青紫／青／黄色

4 食

使命

あなたは、食や食事に関わることが使命のようです。食は健康や生きることそのものと考えていて、食事の時間が人生の中で最も大切だと感じているかもしれません。また、食事を作ることに限らず、食卓に並ぶ野菜や肉、魚など、食材にこだわることも、豊かな生活には必要だと考えているでしょう。安心安全で美味しいものを食べる、食卓が明るくなるような食事を提供する、そういった食事を提供することや流通に関係することも使命と言えます。素晴らしい食材を提供するレストランを見つけることにも、やりがいを感じるはずです。

今のあなたの職業が食事とまったく関係ないならば、料理やお菓子作り、家庭菜園など、食に関わる趣味を取り入れてみましょう。一食一食にもう少し時間をかけて大切に味わうこともいいでしょう。食をもっと人生の中で重要視することで、ワクワク感を加速させたり、使命感を得られたりするかもしれません。

注意点

食に使命がある人は、そのこだわりや興味関心から、非常に偏った食事法を取り入れてしまう可能性があります。常に食を多面的に見つめて、偏った思想にならないよう、さまざまな意見を取り入れることを意識しましょう。

そして、食にこだわる人は他者にもその考えを押し付けてしまいがちです。自身を俯瞰しながら、美味しく楽しく食事をすることを目指して、食が持つ本来の素晴らしさ＝「食事は楽しむために存在すること」を見失わないようにしましょう。

向いている職業

料理人／飲食店経営／農家

オーガニック関係の仕事／ソムリエ／カフェ関係

職人／漁師／畜産業／栄養士／パティシエ

ラッキーカラー

黄緑色／青緑色／黄土色

5 カルマ

使命

あなたは過去世からのカルマがあり、それを解消することが使命のようです。

カルマというのは、過去世からずっと続いている悪い癖のようなものです。例えば、今世で母親と仲が悪いことで悩んでいるとすれば、過去世も同じように「母親との仲」で悩んでいた可能性があります。過去世で悩んでいたことは、今世でも同じように悪い癖として繰り返してしまいます。

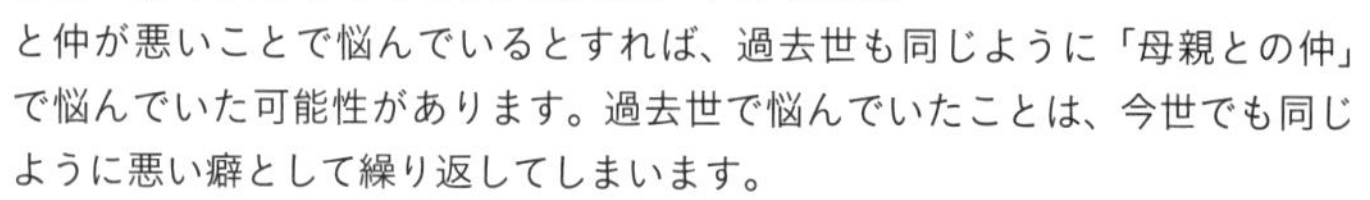

カルマの解消が使命ということは、この悪い癖を直すこと、悪い癖を繰り返さないことが使命ということです。母親との仲の悪さがカルマの場合は、母親との関係を見直して、仲直りすることがカルマの解消になります。母親との仲を修復していく行為こそが、使命をまっとうしているということになるのです。

注意点

カルマの解消が使命の人は、人生に苦悩が多く起こりがちです。それは、悪い癖を解消することが使命だからです。悪い癖を見つめなければいけない出来事が自然と起こるのです。そういった人生に嫌気がさしてしまったり、他人の幸せにやきもちを焼いてしまったりするかもしれません。

しかし、あなたの使命はカルマの解消なので、悪い癖を直さない限り続いてしまうのです。これが使命の人で、繰り返している悩みがあれば、できるだけ意欲的に問題と向き合って、数年で解決できるよう努力しましょう。解決しようと心に決めれば、人生が動き出し、使命をまっとうしている感覚を味わえるでしょう。

向いている職業

今の仕事／家業
人が多く関わっている仕事
チームワークが必要な仕事

ラッキーカラー

茶色／濃い紫／赤

6 自由

使命

あなたはとても自由な人です。ルールに縛られることや、固定観念でこうあるべきだと制約を受けることを極端に嫌うでしょう。

あなたは、自由に生きようとすると、使命をまっとうしているような気がします。「こうあるべきだ」というレールからはみ出せばはみ出すほどワクワクし、生きることが楽しくなるはずです。

自由な姿を見せて、他者に影響を与えることも使命の一つです。日本人は特に自由さを見失いがちです。あなたのような自由な人の姿を見た誰かが、刺激を受けて、固定観念を捨てることができるかもしれません。他者からネガティブな言葉をかけられたとしても、「私は私」だという信念のもと、自由に生きるあなた自身をどんどん発信していきましょう。

注意点

自由な人は嫉妬の対象になりやすく、足を引っ張られやすい傾向があります。たくさんの人があなたに憧れて近づいてきますが、それがきっかけで、あなたの自由な時間が制限されてしまったり、本来のあなたのよさである自由さを邪魔されてしまったりすることになってしまうかもしれません。

また、大切な身内から理解されずに、傷ついてしまうというようなこともあるかもしれません。

しかし、そんなときでも自由であることを優先してください。あなたを縛る事柄に対してはNOと断る勇気を持ち、何よりもワクワク感を大切に人生を歩んでいく強さが必要になるでしょう。

向いている職業

冒険家／フリーランス／ITエンジニア

YouTuber／インフルエンサー／ブロガー

ネットでできる仕事／投資家／デリバリー代行業

ラッキーカラー

シルバー／ターコイズブルー／オレンジ

7 肉体

使命

あなたは、体を動かすこと、体を健康に保つことなどが使命です。頭でぐるぐると考えるよりも、体を動かしてスッキリさせることのほうが相性がよく、デスクワークよりも体を動かしているほうが、インスピレーションが湧いてきたり、ワクワクしたりするはずです。肉体も非常に強く作られているため、ハードな運動やハードな肉体労働をしても、普通の人より疲れません。

日常に体を動かすことを取り入れたほうが、あなたの幸福感は非常に高まります。スマホばかり見る時間から離れて、意識的に体を動かす時間を取り入れましょう。デスクワークの人でも、エレベーターではなく階段を使う、電車では一駅前に降りて歩くなどの工夫があると、達成感を得られ、スッキリできるでしょう。もちろん、ジムに通う、ランニングなどの趣味も、使命感を感じられる方法です。ぜひ肉体と心が軽やかな状態でいられるように意識しましょう。そして、心と体を健康にする大切さを他者に伝えていきましょう。

注意点

肉体を信じすぎてしまい、霊感のようなインスピレーションを見失いやすいかもしれません。守護霊のような霊的なものが存在すること、人はエネルギーで生きていることを改めて認めて、そういった存在とも連携をとるようにすると、あなたの肉体の使命がさらにスムーズに進むでしょう。

また、運動にのめり込みすぎて過度な運動をしてしまい、体を壊したり命の危険に遭うこともあるかもしれません。肉体的な快感に走りすぎないよう、俯瞰して見つめることも忘れないでください。

向いている職業

ジムインストラクター／ヨガ講師

サービス業／警察官／自衛官

営業職／建設業／製造業／飲食店スタッフ

ラッキーカラー

赤／紺／緑

8 美容

使命

男女問わず、あなたは美しくなること、美しさを追求すること、美しい状態を提供することに使命があるようです。肌を綺麗に保つこと、髪を綺麗に保つこと、おしゃれな服を着ることなどを考えたり、追求したりするときに、ワクワク感があふれれてくるはずです。

そして、他者が綺麗になったり、美しくなったりすることにもワクワクするのではないでしょうか。あなたは生まれつき、美しさに関するスキルを持っています。人の似合う色、似合う髪形がわかるかもしれません。

今まで興味がなかったという人は、ぜひ美容に関する情報を積極的に調べてみてください。食わず嫌いだっただけで、やってみるとハマりそうです。美容は何歳になっても必要なものです。ぜひあなたが持つスキルを、自分だけではなく他者にも提供してみてください。

注意点

美しさに使命がある人の中には、美しさのためにはお金を惜しみなく使ったり、納得いくまで美容整形にチャレンジしたりする人もいます。美容は追求し続けられるものではありますが、あまりにも追求しすぎてお金がなくなってしまったり、美容整形に傾倒しすぎてしまったりすることがないよう、俯瞰する力を持つことも重要です。サプリメントを飲みすぎてしまう場合もありますので、何事もやりすぎないようにメンタルコントロールするようにしましょう。

見た目の美しさももちろんですが、心が磨かれることでの美しさなども加味した美容を目指すといいかもしれませんね。

向いている職業

美容家／美容師／デザイナー／美容プロデューサー

アパレル関係／美容部員／化粧品メーカーの仕事／ネイリスト

歯科医／歯科助手／美容外科医／マッサージ師／エステティシャン

ラッキーカラー

ピンク／ラベンダー／プラチナ

9 旅行

使命

あなたは、海外に行くことや住んでいる地域ではない場所を見に行くことを使命としています。1年に1回以上、国内でも海外でも旅行をしたほうが、生きている実感、使命感を得られるはずです。

また、一箇所にとどまることが苦手かもしれません。将来的には2拠点生活などを目指している人も多いでしょう。

旅行をする際には、新しい価値観を自分にインストールすることが大切です。行き慣れた場所にとどまってばかりではなく、初めての場所へ出かけて、食べたことがないものを食べたり、初めての文化や慣れない気候を体験したりするほうが使命に合っているでしょうし、使命をまっとうしているといえるでしょう。

語学を学ぶことも使命の一つなので、語学の勉強をしてみると、人生が豊かに感じられるかもしれません。

注意点

旅行をすることがあなたの使命になるので、「貯金がきちんとできているか？」は「使命をまっとうできるか？」とイコールになります。旅行の費用が出せるならば、ワクワクする人生になるでしょうが、貯金が底をついてしまうと、一気に生きる希望を見失ってしまうかもしれません。

お金の管理をきちんと行い、1年に1回以上は旅行に行けるような工夫が必要です。時間的な余裕も必要なので、忙しすぎて旅行へ行けない場合も、使命を見失いやすい原因になります。お金と時間のコントロールはとても重要です。

向いている職業

冒険家／外資系企業／通訳

動画クリエイター／フリーランス

投資家／乗り物関係

ラッキーカラー

オレンジ／黄色／赤

10 技術革新

使命

あなたは新しい技術に興味があり、それらを利用したり、開発したりすることにワクワクを感じることでしょう。新しい技術に関する情報が入れば、いち早く使ってみたいと思うでしょうし、それに関する書籍を読み、これからの時代の発展が楽しみで仕方なくなるはずです。生成AI、仮想現実、3Dプリンティング、ブロックチェーンなどの話題は、嬉々として盛り上がることでしょう。

技術革新とあなたは切っても切り離せないため、新しい技術を学ぶことを恐れないでください。そういった情報が自然と入ってくるように、最新の技術に関するニュースが入ってくるようなニュースアプリをスマホに入れておくなど、自然と技術革新のニュースに触れられるようにしておきましょう。新しい技術に関する機器が発売されたときには、ぜひ手に取ってみてください。インターネット上には、そういった情報に詳しい人たちがたくさんいますので、そのような人物をフォローして、継続的に情報を得ることもいいでしょう。

注意点

日本では、このような最先端の技術に関する議論が一般では行われにくく、話が合う人が非常に少ないかもしれません。それが原因で孤独を感じたり、議論が深まりにくいことにフラストレーションを感じたりしてしまいます。

何か最先端技術に関するサービスをやってみようと思っても、そのようなことを受け入れてもらえる土壌が育っておらず、使命を加速させることが難しく感じるかもしれません。技術の専門分野での人脈を広げたり、その分野に明るい環境を求めて、海外に目を向けてみるのも一つの方法です。

向いている職業

技術者／研究者／宇宙開発者

エンジニア／SE／サイエンティスト

アナリスト／ドローン関係／医療技師

ラッキーカラー

青／シルバー／紺色

あなたの使命を見つける　しっかりワーク編

もっと詳細に自分の使命を調べたい場合、紙とペンを用意して、次のSTEP 1〜14の項目に答えてみましょう。使命は一つとは限りません。それぞれの項目では、可能な限りたくさんの答えを書き出してみてください。

STEP 1　あなたが小さい頃から好きなことは？

例　人と話す、体を動かす、細かい作業をする、など

STEP 2　STEP 1で書いたことで、今もなお続いていることは？

STEP 3　小さい頃から思春期にかけて、憧れていた職業は？

※この回答は、10年後や20年後をイメージするときの要素として活かしましょう。

STEP 4　小さい頃に嫌いだったことは？

例　人前で発表する、宿題をする、集団行動、など

STEP5　**今、嫌いなことややりたくないことは？**

例　期限に間に合わせる、飲み会に参加する、など

STEP6　**毎日やっても飽きないことは？**

例　美味しいものを食べる、人の話を聞く、など

STEP7　**幸せと思える状態はどんな状態ですか？**

例　家族が笑っている、健康、お金がある、いい住まいに住んでいる、など

STEP8　**10年後に手に入れたいものは？**

STEP9　**20年後に手に入れたいものは？**

STEP10　**人生を終えるときに「納得のいく人生だった」と思えるのは、どの**

ような人生？

STEP11

STEP10を手に入れるために今手放せるものは？

※「幸福を手に入れられるなら何を手放せるか？」を考えることで、「何かを犠牲にしてでも幸福になりたい」という自分の根本の欲求や強さ、マインドセットの状態を確かめることができます。

STEP12

STEP1、2、6、7の組み合わせで、ビジネスを考えてみましょう

STEP13

STEP12でできた仕事からSTEP4、5を引くと、どんな状態になりますか？

STEP14

STEP13の結果と8、9、10の回答を組み合わせましょう。出来上がった回答が、あなたの使命であり人生観です

最後に、使命が見つかったら、期間ごとに目標を立てましょう。

1ヶ月後、あなたはどうなっていますか？
3ヶ月後、あなたはどうなっていますか？
1年後、あなたはどうなっていますか？
3年後、あなたはどうなっていますか？
5年後、あなたはどうなっていますか？
10年後、あなたはどうなっていますか？

これらを決めることがあなたのマインドセットになり、最適な守護霊がサポートについてくれるようになります。

コラム

使命と向き合う人たち

たくさんのクライアントを見てきた中で、興味深いと感じた使命がいくつかあります。クライアントに許可をいただき、紹介します。

クライアントAさん（男性）

Aさんは、私が霊視した人たちの中でも、とてもユニークだなと思った使命の持ち主の一人です。

Aさんのことを霊視させてもらうと、この世に生まれる前の段階で「地球に生まれる理由は、地球でしか食べられないものを食べること！」と決めていました。中でも、特に食べたいものはハンバーガー。せっかくなら本場のハンバーガーを食べたいと決めて生まれてきていました。

すなわち、Aさんの使命は「アメリカのニューヨークにある人気ハンバーガー店で、ハンバーガーを食べること」。

私がそのように見えたことを伝えると、彼は目を丸くして「ちょうどアメリカを車で横断する予定を立てているんです！」と答えました。アメリカ横断の最後の場所をニューヨークにする予定だったそうです。

私は「あなたの使命であるそのお店のハンバーガーを食べることを、今回の旅の最終目標にしてください！」と伝えました。

彼は、「その使命をまっとうすると、死んでしまうのですか？」と怯えていたのですが、「そうではありません。それをまっとうすると、次の目標や使命が出てきます」と伝えました。

その後、彼はアメリカ横断の旅に出て、無事にハンバーガーを食べて旅を終えたそうです。

次の使命は未定とのことでしたが、彼はアメリカ横断の経験からアメリカ移住を考えていて、そのために貯金をしているそうです。次の使命はアメリカで活動することかもしれません。

ちなみに、このときのAさんの守護霊は宇宙人でした。その守護霊は「ハンバーガーを食べる様子を見たい！」という理由で、サポートについていたようです。

クライアントBさん（女性）

Bさんの使命は「母親Cさんの娘として生まれること」でした。

Cさんは不妊症で子どもがなかなかできず、5年ほどたったときに奇跡的に身ごもったのがBさんでした。Cさんは神社に長いこと通い、「子どもを授かりますように」と祈っていたそうです。

Bさんは Cさんがずっと子どもが欲しいと祈っていることに気づき、「このお母さんの元に生まれてあげたい」と思い、「Cさんの娘として生まれること。娘として母親を支えること」を使命として生まれてきました。

Bさんの干支（えと）は巳年（みどし）でした。実は、母親のCさんが祈っていた神社は、蛇神信仰が根付いていたのです。おかげで、Cさんは巳年で生まれたBさんと強い絆を感じていました。

BさんとCさんは仲がよく、Cさんがシングルマザーになってからも、二人でさまざまな困難を乗り越えて暮らしていました。Bさんの使命が「母親Cさんを支え、見守ること」である一方で、Cさんの使命は「愛について学ぶこと」だったのです。

BさんとCさんは、それぞれの使命感も伴い、強い絆で結ばれていましたが、いつしか依存的な愛情になってしまい、お互いを縛り合うようになってしまいました。お互いが「自分がいなければ」という責任感に駆られすぎて、自由を失ってしまったのです。

ここで、BさんとCさんは改めて関係を見直し、Bさんが20歳になるタイミングで別居して、お互いの人生を自立して歩むことになりました。

Bさんの使命は「母親を支えること」だったので、Cさんのことがもちろん気になります。でも、関わりすぎることも母親にはよくないと考えて、Bさんは自分の人生に集中するようにしました。

そうして、Bさんには夢中になれる趣味と恋人ができ、自分の人生も謳歌できるようになりました。使命も「母親を支えること」から少しずつ変化していき、「世の中の子どもたちのために役に立つことをすること」が新たな使命になりつつあります。

当初、Bさんの守護霊はご先祖様でした。ご先祖様がCさんの願いを叶えたいということで、神社の神様と一緒に、CさんをサポートするようBさんにお願いをしたのでした。

現在はBさんの使命が変わりつつあるので、守護霊も天使に代わっています。

クライアントDさん（女性）

Dさんの使命は「ナイアガラの滝を見に行くこと」でした。ナイアガラの滝は地球にしかない自然物なので、それを見たいと決めて生まれてきたそうです。

Dさんは小さい頃から英語に関心があり、ディズニーのDVDを見て英語を自然と覚えたりしていました。「いずれは海外留学したい！」という欲求を持っていて、留学先はアメリカかカナダを考えていたそうです。

大学生になったとき、短期留学をする機会が訪れました。留学先の学校ではツアーの予定が組まれていて、そのツアーが「ナイアガラの滝を見に行こう！」というものでした。「絶対に見たい！」と思ったDさんは、迷わずツアーを予約しました。費用はかなり高かったそうですが、たまたま親からお小遣いをもらえるという偶然が重なり、行けることになりました。

実際にナイアガラを目の当たりにしたDさんは、魂が震え、自然と涙が出たそうです。「これを見に生まれてきたのかもしれない！」とも感じたそうです。

Dさんが私のセッションを受けたのは、その短期留学後です。「大きな海外の滝を見ることが使命のようですよ」と伝えたら、とても驚いていました。「去年見てきたばかりです！　あのときの感動がまだ忘れられません！」と興奮しながら、当時の様子を語ってくれました。

Dさんは使命の一つをまっとうしたので、次の使命は「地球の自然遺産を見に行くこと」に変わりました。Dさんに伝えると、「1年に1回、自然を見に海外に行こうと思っている」と言っていました。そのために仕事も頑張れるし、貯金もやる気になれると。そして、その様子をInstagramで発信し、人々を魅了していきたいと言っていました。

ちなみにDさんの守護霊は自然霊で、妖精がサポートについていました。生まれる前から自然が好きなDさんに、相性がいい相手として自然霊がついてくれたようでした。

第4章

7種の守護霊

あなたの守護霊を調べる

第1章でお話ししたように、守護霊は7種類に分けられます。そして、7種類の守護霊は性質が大きく異なります。

私たちがどのタイプの守護霊に守られているかを知ることで、守護霊からのアドバイスの傾向がわかり、守護霊とつながりやすくなります。あなたが毎日ワクワクして生きるために、使命をまっとうするために、自分の守護霊がどの種類で、どのようなサポートをしてくれているかを知ることは重要です。

あなたの行動や目標が変われば、守護霊も代わります。自身のサポートの種類を知っておくことで、今の自分との連携がとりやすくなります。

まずは、次ページからの項目について、当てはまるものに○をつけてみましょう。少し多いかもしれませんが、できるだけ正確に守護霊を特定するため、頑張ってみてください。結果は質問の後に記します。

A

- [ ] 1 育った環境がわりと過酷である
- [ ] 2 努力をすることは非常に大切だ
- [ ] 3 歴史の中でとても好きな時代がある
- [ ] 4 同じ悩みで悩むことが多い
- [ ] 5 ある特定の人との関係が非常に悪い
- [ ] 6 同じ夢を繰り返し見ることがある
- [ ] 7 なぜか惹かれる国がある
- [ ] 8 没入できるドラマや映画がある
- [ ] 9 やったことがない、学んだことがなくても、非常に得意なことがある
- [ ] 10 今の性別に違和感を抱くことが多い
- [ ] 11 人生の中に嫉妬や後悔した経験が多い
- [ ] 12 なぜか「これをやるために生まれてきたんじゃないか」と感じることがある
- [ ] 13 歴史上の人物で非常に心惹かれる人物がいる
- [ ] 14 語学に強い興味を持っている
- [ ] 15 「若くして死ぬんじゃないか」という恐れを持っていたことがある
- [ ] 16 目立つことが苦手で、隠れていたほうがいいと感じる
- [ ] 17 有名な人が羨ましくない。むしろ大変だろうと思う
- [ ] 18 世の中や政治の動きに非常に敏感だ
- [ ] 19 戦争や疫病の流行がトラウマ的に怖い
- [ ] 20 恋愛でのトラブルや悩みが多い

B

- [ ] 1 お墓参りは重要な家族行事だ
- [ ] 2 家系の歴史が深い。または家族関係が複雑

- [ ] 3 突然お線香の香りがすることがある
- [ ] 4 家族の転機や家族仲が悪くなるときに、体の調子を崩すことがある
- [ ] 5 大金を得たり失ったりと、金銭的なアップダウンが大きい
- [ ] 6 若くして亡くなった身内がいる
- [ ] 7 大きな事故から免れたような経験がある
- [ ] 8 長男長女である
- [ ] 9 ふいに背中が温かく感じたり、触れられているような温かさを感じたりすることがある
- [ ] 10 過去の印象に残っている思い出は、家族とのものが多い
- [ ] 11 スピリチュアルなものにはあまり詳しくない
- [ ] 12 家系的に続いている病気がある
- [ ] 13 インナーチャイルド（幼少期のトラウマ）を癒やすことに関心がある
- [ ] 14 家族の命日の数字をよく見る
- [ ] 15 生まれ育った地域がとても好きで貢献したい
- [ ] 16 体は非常に丈夫で風邪をひきにくい
- [ ] 17 家族には心が弱い人が多く、うつ病やメンタル疾患になっている人もいる
- [ ] 18 家業を継いでいる。または手伝っている
- [ ] 19 おばあちゃん子、おじいちゃん子だった
- [ ] 20 親ではない身内に育てられた

C

- [ ] 1 大切なペットを失ったことがある
- [ ] 2 人生の中に動物が多く登場する
- [ ] 3 マイペースな性格で、できるだけ頑張らずにゆっくりしていたい
- [ ] 4 街中で道を聞かれることが多い
- [ ] 5 動物のモチーフのものを持ち歩いている

- [ ] 6 上下関係が苦手でよくトラブルになってしまう
- [ ] 7 ベジタリアンになろうか検討したことがある。またはベジタリアンだ
- [ ] 8 ペットを飼っている。もしくは飼おうかと検討している
- [ ] 9 会うと癒やされると言われる
- [ ] 10 保護猫や保護犬に関心がある
- [ ] 11 イルカや自然動物に会いに行きたいと思う。実際に行ったことがある
- [ ] 12 動物と話せるような気がする
- [ ] 13 いじめにあったことがある
- [ ] 14 平等（フェア）な精神を大切にしている
- [ ] 15 人間よりも動物といるほうが居心地がよい
- [ ] 16 好奇心が旺盛で、気になるとやってみないと気が済まない
- [ ] 17 着の身着のまま思いつきで旅行に行くことがある
- [ ] 18 ボランティア活動に興味がある
- [ ] 19 テレビ番組の中では動物番組が一番好き
- [ ] 20 人に恵まれていると感じる。または人生にいい出会いが多いと感じる

D

- [ ] 1 自然に触れていないと自分が保てなくなる
- [ ] 2 家庭菜園をやっている。もしくは観葉植物を育てている
- [ ] 3 加工品を食べると調子を崩す
- [ ] 4 晴れ男・晴れ女である
- [ ] 5 季節の変わり目や台風などで調子を崩す
- [ ] 6 地球上の人口が増えていくことに罪悪感を覚える
- [ ] 7 環境問題に関心があり、環境保護活動をやっている
- [ ] 8 自分の調子が悪くなると植物が枯れる
- [ ] 9 芸術的な趣味がある
- [ ] 10 海外旅行に行く目的は自然を体験したいからだ

- □ 11 ハーブに詳しく、ハーブティーなどをよく飲む
- □ 12 台風が近づいていることがわかる
- □ 13 森林が燃えていたり、川が汚染されたりする映像を見ると、トラウマのように苦しくなる
- □ 14 地球の主人公は人間ではなく自然であると思う
- □ 15 趣味がアウトドアだ
- □ 16 都会よりも田舎が好き
- □ 17 冬よりも夏が好き
- □ 18 死ぬことを恐れておらず、自然なことだと思っている
- □ 19 簡単な道と険しい道であれば険しい道を選ぶ
- □ 20 運気がいい土地、悪い土地がわかる

E

- □ 1 教会に行く、キリスト教の学校に通うなど、人生でキリスト教に触れることがあった
- □ 2 西洋の絵画や洋楽がとても好き
- □ 3 心や体が傷ついている人と接することが多い
- □ 4 手がいつも温かく、パワーが宿っている気がする
- □ 5 音楽や歌うことが日常に溢れていて、歌うことが上手だと言われる
- □ 6 ピンク色のものに惹かれる
- □ 7 世の中を癒やさなければという使命感がある
- □ 8 自分を含めて３人以上の兄弟姉妹である
- □ 9 妊娠や出産に関わることが多い。または妊娠や出産というイベントに非常に興味関心がある
- □ 10 英語に強い関心を持ち、学びたい
- □ 11 天使のモチーフや十字架が好き
- □ 12 羽根が落ちているのをよく見かける
- □ 13 ４の数字をよく見る

- [ ] 14 罪悪感を抱きやすい
- [ ] 15 優しすぎて騙されてしまうことがある
- [ ] 16 子どもが好きで、子どもたちと時間を過ごしていたい
- [ ] 17 心理学に興味があり、心について学ぶことが好き
- [ ] 18 海外旅行は教会や寺院を見に行くことが目的である
- [ ] 19 許すことを大切にしていて、根に持たないように気をつけている
- [ ] 20 頼られたり相談されたりすることが多い

F

- [ ] 1 過集中で飽きっぽい性質だ
- [ ] 2 最新機器や最新技術に関心がある
- [ ] 3 得意と不得意の差が激しい
- [ ] 4 夜型の人間だ
- [ ] 5 変わらないものや習慣、風習が嫌いだ
- [ ] 6 大人びた一面と幼稚な一面が混在している
- [ ] 7 断捨離の頻度が高い
- [ ] 8 写真を残す意味がわからず、あまり写真は撮らない
- [ ] 9 嫌いな人とはすぐに縁を切る
- [ ] 10 住む地域にこだわりがなく、転々としたい
- [ ] 11 食事をする時間が億劫で早く終わらせたい
- [ ] 12 人の名前と顔が覚えられない
- [ ] 13 宇宙に関する話題やUFO、都市伝説が好き
- [ ] 14 UFOを呼ぼうとしたことがある
- [ ] 15 あごが小さく目が大きい
- [ ] 16 体温が低い
- [ ] 17 アレルギー体質だ
- [ ] 18 偏食で同じものばかり食べたがる

□ 19 自動掃除機、食洗機などを使っていて家事を効率化している

□ 20 宇宙に関する夢をよく見る

G

□ 1 ある特定の神社に定期的に通っている

□ 2 最近、大きな山、川、立派な滝など霊格の高い神聖な自然に出かけた

□ 3 最近、身のまわりで人間の力ではどうにもできないようなことが起こっていると感じる

□ 4 世の中のすべてがわかったような気がする

□ 5 0のゾロ目をよく見る

□ 6 すべてをひっくり返してリニューアルしたい気がする

□ 7 大事故や大災害に巻き込まれそうだったが、ギリギリで免れたことがある

□ 8 写真を撮ったときに自分だけ光っているように写ることがある

□ 9 物事が異常なほどスムーズに進む

□ 10 思いもよらない方向に人生が進んでいると感じる

□ 11 今までチャレンジしたことがないことにチャレンジしている

□ 12 徹夜しても元気だ

□ 13 ずっと患っていた病気が突然治ったり、軽くなったりした

□ 14 突然大きな病気になるなどの災難が起きて、たくさんのことがリセットされた

□ 15 霊能力や直感が高まっている

□ 16 人のため、世のために生きなければという使命感が湧いてきている

□ 17 金色のものやシルバーのものを好むようになった

□ 18 スピリチュアルなセッションや占いなどで神様がついていると言われた

□ 19 未来予知のような夢を見るようになった

□ 20 宝くじが当たったり、大きな臨時収入が入ったりした

ここまでチェックいただき、お疲れさまでした。

さて、Ⓐ〜Ⓖの質問の中で、○が多かったのはどれですか？　それがあなたの守護霊になります。

Ⓐ→**過去世**
Ⓑ→**ご先祖様**
Ⓒ→**守護動物霊**
Ⓓ→**自然霊**
Ⓔ→**天使**
Ⓕ→**宇宙人**
Ⓖ→**地球の神様**

同じ数のものが2つ以上あった場合、より強く感じるほうが指導霊、それ以外は補助霊としてついている可能性が高いでしょう（指導霊と補助霊：P13参照）。

では、次のページからそれぞれの守護霊について、紹介していきます。

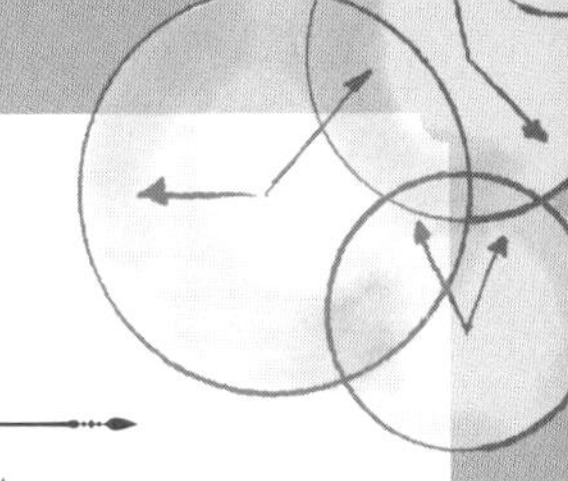

過去世

スパルタレベル ★★★★★★★

いつもあなたに期待する眼差しを向け、一緒に人生を楽しんでくれる

過去世とは、あなたがこの世に生まれる以前に生を受けていた世のことを指します。あなたが生まれてくる前の人世（人生）ということです。

過去世はあなた自身ですから、あなたのことをよく知っていますし、過去世で後悔したことややり残したことも覚えています。また、あなたがやるべきこと、出会うべき人、解決しなければいけないことも把握しています。あなたが今回の人生で悔いなく素晴らしい人生を送れるように、過去世からの知恵や経験をもとにサポートしてくれます。あなたが人生を楽しんでくれることが何よりの幸せだと感じているでしょう。

ちなみに、過去世は、当時の姿格好のまま守護についてくれていることが多いのが特徴です。

基本的なスタンス

・後悔を残してほしくない
・同じ失敗をしてほしくない
・過去世でできなかったことにチャレンジしてほしい
・今世では満足のいく人生を歩んでほしい
・過去世の自分を超えてほしい

サポートの性質

・苦労、苦難が多め（苦労や苦難を多く与えて、努力する姿をサポートする）
・過去世で失敗した状態が今世で近づくとサポートが強くなる（過去世に恋愛で失敗した場合は、今世で恋愛をする際にサポートが強くなる）

過去世が守護霊になる人の特徴

・元々、体と心が強い
・未来より過去にフォーカスしやすい
・グラウンディング（自分と地球が心と体でつながっているという感覚）が強い
・地球に転生している回数が多い
・UFOの話よりも怪談話が好き
・幽霊を見たことがある
・家系に霊能力者がいる
・オーラが濃い
・「生きている」という実感が強い

守護霊の口癖

・〇〇には注意して！
・今度こそ〇〇をやりましょう！
・あなたなら必ず〇〇できます！
・あなたはこんなところで折れる人ではない
・過去世から引き継いでる〇〇のスキルを使いましょう
・この人は過去世からの縁があるので大切にしましょう

使命の性質

・〇〇をやり遂げたい！
・〇〇の境地を体験してみたい！

B. ご先祖様

スパルタレベル ★★★★

遊んでいる子どもを見守る母親のように
優しい眼差しで、温かい愛情を送ってくれる

ご先祖様とはあなたの亡くなった親族のことで、いつもあなたのことを気にかけ、愛してくれている存在です。あなたをよくかわいがってくれた祖父母かもしれませんし、あなたが知らない数代前のご先祖様かもしれません。ご先祖様に共通しているのは、「血縁を守りたい」「家族に健やかで幸せであってほしい」という気持ちです。それゆえ、あなたが健康で楽しく暮らせるよう、常に温かい目で見守ってくれているでしょう。

ちなみに、「家族を大切にする」という使命感がある人も、ご先祖様が守護につきやすいです。ご先祖様が一人欠けたらあなたがいなかったように、ご先祖様はあなたの存在そのものに深く関わっている存在です。

基本的なスタンス

- 身の安全を確保したい
- 無理をしてほしくない
- 健康であってほしい
- 家族と仲良くしてほしい
- 家を守ってほしい。家を発展させてほしい
- 地域の人と仲良くしてほしい
- 人に好かれてほしい

サポートの性質

・事故に遭わないよう、病気にならないようサポートされる
・無理がないよう、苦労がないよう、危険を回避するようサポートされる
・家系に関することや家を守ることに関しては厳しいメッセージが届く（体調を崩す、お金を失うなどで警鐘メッセージを送ってくることが多い）
・習慣や態度を注意されることも多い（ダラダラしてるんじゃない、お菓子ばっかり食べずに野菜も食べなさい、など）

ご先祖様が守護霊になる人の特徴

・由緒ある家系である
・家族や家庭が好き
・お墓参りの習慣がある
・複雑な家系、複雑な家庭環境である
・亡くなった祖父母のことがとても好きだった

守護霊の口癖

・〇〇の習慣を変えなさい
・〇〇をするのはやめたほうがいい
・あなたがやりたいなら心から応援するよ
・家を守ってくれてありがとう
・家系に引き継がれているスキルを授けているので自信を持って

使命の性質

・家庭や家族、家系を〇〇したい
・地域を活性化させる
・調和を実践する
・家系から引き継がれた〇〇のスキルを使って、日本や世界に〇〇する

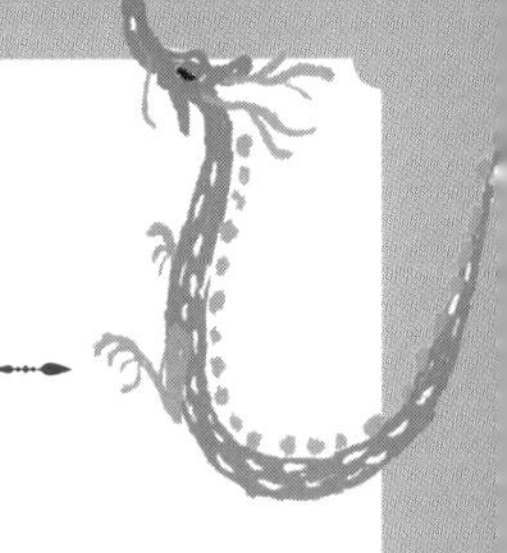

C. 守護動物霊

スパルタレベル ★★★

忠誠を誓うような眼差しで、あなたが最善の選択ができるよう常にそばに控えてくれる

あなたが飼っていたペット、もしくは神社にいる守護動物があなたを守護してくれているでしょう。

動物霊は非常に忠実な忠誠心を持ち、あなたを全力で守ります。幸運な出来事やいい運気をもたらしてくれたり、不必要な縁が切れるようサポートしてくれたりすることもあります。

動物霊は成仏した状態であることが重要で、ペットの場合は一度宇宙に還った後、あなたを守りたいためにあなたのそばに戻ってきてくれています。守護動物には、犬、猫、鳥、馬、イノシシ、ウサギ、キツネ、クマ、サル、トラ、ライオン、龍などがいます。神社などにお参りすることで、こうした守護動物霊がサポートについてくれることがあります。いずれにせよ、あなたが正しい選択をできるよう見守ってくれる存在です。

基本的なスタンス

・身を守りたい
・心身共に快適な状態で過ごしてほしい
・幸運であってほしい
・いい縁をつなぎたい、悪い縁を断ち切りたい
・転機をもたらして変化を起こしたい
・人生の目標を全力でサポートしたい

サポートの性質

・運気が上がる場所へ連れて行ってくれる
・転機になる人との出会いを用意してくれる
・動物に触れることでヒーリング効果をもたらす
・肉食の機会を減らしたりベジタリアンへ誘導したりすることで、体を健康に保つ
・ものを持ちすぎないこと、断捨離などがしたくなるように誘導される

守護動物霊が守護霊になる人の特徴

・動物が好き
・過去世で動物との関わりが強い
・繊細で優しい
・平等の意識が強い
・嘘が嫌い

守護霊の口癖

・ありのままでいてください
・勇気を出してください！
・信じてください！
・その人はあなたには合わない人です
・不要なものを手放しましょう
・考えすぎています。シンプルに考えましょう

使命の性質

・世界平和、世界調和
・動物たちと人間を共存させたい
・自分の可能性が最大限活かされ、○○すること
・○○を手放して、○○を実現させたい（動物霊は手放すようなメッセージが送られることが多い）

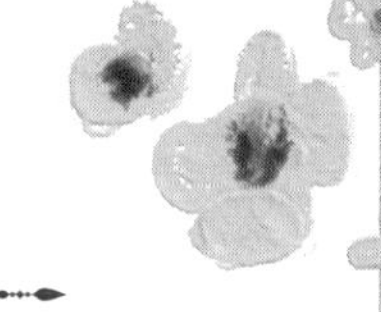

D. 自然霊

スパルタレベル ★★★★★★★★★★

あなたが才能を磨くことを応援し、期待を持ってそばにいてくれる

自然霊は天候や自然などに宿り、鉱物や植物、海や山、空などに存在しています。日本では天狗（てんぐ）、龍神、弁天、稲荷と表現されてきました。海外では妖精や精霊と表現されました。

自然霊は基本的にはエネルギー体として存在していますので、霊視をしても「姿」で見えないこともあります。しかし、自然霊が姿を現してくれて、天狗や稲荷、龍神、弁天、妖精や精霊が守護についている場合は、自然霊がついていると判断します。

自然霊は天候を操ることができるほか、多彩な才能を持っています。自然霊が守護についているあなたは、そのスキルを享受して、芸術や文化的な世界で活躍することが多いでしょう。そういった職種ではない人でも、これまで関わってこなかった分野にチャレンジしてみると、自然霊のサポートを受け、新たな才能が開花するかもしれません。

基本的なスタンス

・使命を応援したい
・芸術的な才能を開花させたい
・厳しい環境に立ち向かうことは当たり前である
・泣き言や弱音は吐かない
・地球の自然に関心を持つこと、共存することは重要である

サポートの性質

・天気や天災に敏感になり、環境に興味を持つようサポートされる
・生きている目的に気づきやすくなる
・自然霊が祀られた神社に導かれる
・山、川、海などの大自然に導かれる
・修行のようなことを好むようになる（断食や写経など）
・植物に元気づけられると感じる
・天気を操れるようになる（晴れ男／女、雨男／女など）

自然霊が守護霊になる人の特徴

・自然が好き
・感受性が強く、非常に繊細
・生まれつき芸術的な才能を持っている
・努力家で忍耐強い
・ネガティブなことを前向きに捉えられる

守護霊の口癖

・選択して集中しなさい！（物事を整理して集中しなさい）
・立ち止まらずに進みなさい！
・困難なほうを率先して選びなさい
・能力を開花させて可能性を広げなさい
・地球の中の一部であることを忘れないようにしなさい（謙虚でいなさい）
・大きな視点で物事を見なさい

使命の性質

・自然と人間との調和
・芸術的な才能や突出した才能の開花
・ワクワクする生き方を実践する
・人に背中を見せる。生き方のモデルになる
・注目されることを許可する。有名になることを許可する

E. 天使

スパルタレベル ★★

常に愛情を与えてくれる母親のような眼差しで そばにいてくれ、安心安全がそこにある

天使は非常に高次元の存在で、基本的には姿を持ちません。エネルギー体として存在します。天使はとてもかわいい姿で描かれることが多いですが、エネルギー体を絵で描くと、あのように愛らしいキャラクターになると想像されています。しかし実際は、エネルギーが高すぎて、姿を見ることは難しい守護霊です。

天使は妊娠や出産とも強く結びついており、子どもたちには天使の守護がついていることも多いです。また、ヒーリングを学ぶ際も、天使が守護につくことがあります。

天使のサポートを受けているあなたは、普段から人に悩み事を打ち明けられることが多いでしょう。その力でたくさんの人を癒やし、幸せにしてあげてください。

基本的なスタンス

- 愛を送る
- すべてを受け入れる
- 願いをすべて叶える
- 信じている
- ジャッジしない
- すべてにyes!と返答し、断らない

サポートの性質

・妊娠、出産が身近に起こる
・傷ついた心身が癒やされる
・愛情に目覚める。愛情を感じられるようになる
・恋愛や結婚を後押しされ、いい結果が出る
・愛がない人と縁が切れ、愛情深い人との縁がつながる

天使が守護霊になる人の特徴

・妊娠中、出産後の女性
・新生児、幼児
・生まれつき重度の障害を持っている人
・妊娠や出産に関わる人
・恋愛中の人
・美しくなりたいと願っている人
・子どもに関わることが多い人
・愛情深い人
・言葉使いがきれいな人

守護霊の口癖

・あなたは大丈夫
・安心してください
・願いは叶う
・身を委ねてください
・最善、最高にフォーカスしてください

使命の性質

・無条件の愛を与える
・親子愛、家族愛、パートナーシップを充実させる
・子育てを充実させる
・傷ついたものを癒やす、ヒーリングする
・地球の傷を癒やす

F. 宇宙人

スパルタレベル ★★★★★

未来への希望に胸を躍らせながら
あなたの活躍を期待してくれている

宇宙人は高度な文明を持っていて、まだ文明の発展途上の地球人をサポートしてくれています。未来を見通すことが得意で、未来を予知しながら、私たちがどう生きるべきかアドバイスを送ってくれます。

宇宙人たちは、地球が高度な文明を持つ星に進化することを願っていて、未知のアイデアやユニークさを与えてくれたり、最先端技術のアイデアなども与えてくれたりしています。また、古い価値観や不必要な慣習を嫌い、効率的に最先端の技術を取り入れていくことを好んでいます。

そんな宇宙人の守護を受けているあなたは、人の先頭に立って物事を進めることが得意なのではないでしょうか。リーダーシップを発揮しながらどんどん前に進むとき、宇宙人が強いサポートを与えてくれているはずです。

基本的なスタンス

・未来を見通してアドバイスをする
・欲しいものはすべて手に入れられる
・嫌いなことや面倒なことをする必要はない
・古い価値観や固定観念は手放すべきだ
・変化や進化を追求し続けたほうがよい

サポートの性質

・最先端の技術に触れる機会が多い
・最新のアイデアが湧いてくる
・固定観念が壊れる出来事が起こり、価値観が変わる
・体質が変わり、食事の内容や好みが変わったりする
・生き方を180度変えたくなる

宇宙人が守護霊になる人の特徴

・地球への転生経験が少ない
・得意不得意の差がある
・新しいものが好き
・固定観念が少ない
・リーダーシップがある
・カリスマ性がある
・過去よりも未来に関心がある

守護霊の口癖

・やりたくないことをする必要はない
・時間は有限。結果が早く出ることを選びなさい
・古い価値観は手放しなさい
・未来は必ずよくなる
・望んだものがすべて引き寄せられている

使命の性質

・リーダーシップをとる
・覚醒させる
・新しい技術を取り入れる
・探究心を活かす
・日本や世界に影響を与える
・今までなかったことを生み出す
・新しい価値観を人々に伝える

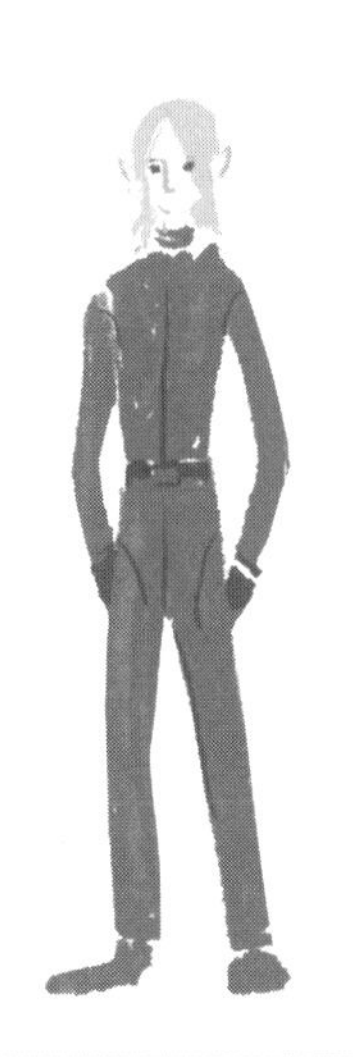

地球の神様

スパルタレベル ★★★★★★★★★

大きなエネルギーで包んでくれて、何が起きても大丈夫という無敵感を感じられる

ここで言う神様とは、神社などに祀られている神話の神様や人の神様、龍神様などを指します。伊勢神宮の天照大神(あまてらすおおかみ)や出雲大社の大国主大神(おおくにぬしのおおかみ)などもこちらに含まれます。神社に参拝に行くと神様のご加護を受け、守護についてくださることがあります。

神様は、神通力という非常に強い力で守ってくださいます。奇跡的に願いが叶った経験がある人は、そのときに神様が守護してくれていた可能性は高いでしょう。

また、神様はあなたの潜在的な能力を開花させてくれます。優しくしてくれる場合もありますが、思いもかけないアンラッキーを引き起こすこともあります。ですが、それもあなたの最大限の力を引き出すため。強烈な出来事が起こっても、神様からのメッセージだと受け止めてみましょう。その先には素晴らしい未来が待っているはずです。

基本的なスタンス

・神の力を信じなさい
・力を抜いてすべて任せなさい
・常に真面目に、真摯な態度で生きなさい
・奇跡を信じなさい
・あなたの未知なるパワーを信じなさい

サポートの性質

・強運体質のようになり、どんなこともうまくいく
・思いもよらない転機や出来事が起こり、衝撃を受ける
・絶対に無理だと思ったことが実現し、奇跡を体験する
・膿を出すような体験をし、一気に溜めていたことが噴出する

神様が守護霊になる人の特徴

・神社で決意を表明した人
・神様から気に入られた人（シンクロする部分があった人）
・運気がとても高まっている人
・転機が来ている人
・恐れを抱きにくい人
・感謝できる人

守護霊の口癖

・委ねなさい
・流れに任せなさい
・大いなる力を信じなさい
・力を抜きなさい
・やり遂げることを心に誓い、マインドセットしなさい
・あなたが持つ無限の力を信じなさい
・人に影響を与えなさい
・真剣に生きなさい

使命の性質

・神社で願ったことが叶う
・大きな影響力を持ち、たくさんの人に影響を与える
・自分が大きく変化する
・能力が大きく開花され、思いもよらない自分に出会う

第5章

パワーを最大限いただくために

1 守護霊としっかりつながる生活

守護霊は、いつもあなたのことを見守ってくれています。

守護霊とつながり、そのパワーを感じることで、あなたの生活はとても楽になるでしょう。具体的には次のようなメリットがあります。

・身の安全を守ってもらえる

事故に遭いにくい。不運な出来事に巻き込まれにくい。虫の知らせを感じ取れて、不幸を避けることができることもあるでしょう。

・進む道、選ぶべき道を見つけやすくなる

あなたが使命をまっとうできるよう、守護霊は進むべき道を教えてくれたり、選ぶべき道を案内してくれたりします。

あなたが何かを決断するとき、何かを終了させるとき、何か新しいことにチャレンジするときは、守護霊のサポートが大きく働いています。

・付き合うべき人がわかる

あなたの人生にとって影響を与えてくれる人、転機となる人、前世とのつながりで会わなければいけない人などがわかるようになります。

付き合うべき人と付き合えるということは、付き合わなくてもいい人とは縁を切れるということ。それも守護霊の采配です。縁が切れる出来事が自然と起こったり、第六感で違和感を抱いたりします。縁が切れるときも、揉めることが少なくスムーズにいくときは、守護霊が援助してくれているのかもしれません。

・運を味方につけることができる

守護霊は天界の存在ですので、「運」の仕組みを熟知しています。あなたが守護霊と強くつながることで、運を呼び寄せることができたり、運がいい選択、運がいい場所に導かれたりすることでしょう。

逆に、守護霊とのつながりが弱いと、運がいい感覚がわからずに、不運な方向へと導かれてしまうことが増えてしまいます。

・孤独感がなくなり、前向きに生きられる

日常的にメッセージを受け取れるようになると、いつも見守ってもらえている安心感や適切な解決法を得られ、意欲的に物事に取り組めるようになります。自分の力では気づけないようなことに気づいたり、思いもよらないアイデアが湧いてきたりして、さまざまなチャレンジができるようになるでしょう。

以上のように、**守護霊と強くつながることで、人生を効率よく生きることができます。**

自力で生きる場合はすべてが手探りで、一つのことを成し遂げるのに10年かかってしまうこともあるでしょう。守護霊とのつながりを強く感じられると、守護霊とある意味会議をしながら道を選んで行けるので、自力だと10年近くかかったことが、数年でやり遂げられたりすることもあります。

効率よく生きることで、人生でやりたいことをたくさんやり遂げることができ、とても充実した人生を送ることができるでしょう。

私は守護霊とつながれるようになったことで、迷わなくなりました。

守護霊は未来や私の使命を知っている存在です。そのため、守護霊とつながれて、メッセージを受け取れるようになると、人生をどんどん前へと進められるようになりました。

くよくよ悩んだり、人に相談をしたり、いろんな書籍を読んで方法を模索することがなくなり、守護霊に聞いて、解決して前へ進むということが常になりました。寄り道しているような感覚がなくなり、夢が実現するスピードが格段に速くなり、悩んで立ち止まっているという感覚がなくなりました。それはまさに、疲れを感じることなく、ずっと目標に向かって走り続けている状態です。

さらに、「常に答えを知っている」という感覚を持てるようになりました。

つながりが弱かったときは、「答えがわからない」「どこに頼ればいいんだ?」「誰を信じればいいんだ?」と、右往左往していましたし、教材や人にたくさんお金を使いました。

しかし今は、守護霊を頼ればいいし、**「答えは自分の中にある。あとはやるだけだ」**という感覚です。

もちろん目の前に選択肢がいくつもあり、どの道に進むべきか悩むことはあります。ですが、以前と比べて「どの選択がどの未来につながっているか？」というのがわかるので、それを選ぶことのメリット、デメリットも見えるようになりました。おかげで、「Aを選んでもBを選んでもメリットとデメリットがあるけれども、それらを加味して私は何を選ぶか？」と冷静に考えられるようになっています。

以前は、「１００点の正解がどこかにあるはずだ」と常に探していて、暗闇にいるような感覚でした。

守護霊とつながることができている今は、道の先がよく見えています。街灯に照らされている明るい道を、並走してくれるパートナーと一緒に歩んでいる、そんな感覚です。

2 自分の意志の必要性

セッションをしてきた中で、守護霊が見えない人と出会ったことがあります。

その人は、生きる希望を失っていて、鬱（うつ）のような状態でした。生い立ちやこれまでの人生を聞いてみると、母親の言いなりの人生を歩んできたそうで、母親と疎遠になってしまったことがきっかけで、何をすればいいかわからなくなってしまったそうです。

つまり、**生きる目的を見失う＝守護霊が見えない（守護霊の力が弱くなる）**のです。宇宙の神様からすると「誰を守護につければ、よりよい人生を生きられるのか？」という答えがわからないので、守護をつけにくいです。

守護霊は自動的には動きません。あなたの活力や生きる目的意識が、守護霊を連れてきてくれます。あなたの意志が強くなるほど、エネルギーが強力で優秀な守護霊がついてくれるのです。

もし、あなたが生きる目的を失っているのであれば、守護霊のご加護は薄くなっているかもしれません。

ご加護を強くしたいのであれば、あなたが「自分の人生を生きるんだ」と腹をくくることです。そのマインドセットがあるだけでも、守護霊は守護の仕事をまっとうすることができるのです。

守護霊の仕組みは、「あなたが求めれば与えられる」です。「あなたが求めなければ与えられない」とも言えるのです。

3 守護霊が存在を伝えるとき

守護霊はさまざまな方法で私たちに存在を教えてくれています。
こんな経験はありませんか？

・突然お線香の香りがする
・落ち込んだときに背中が温かくなる
・勝手に足が動いて、ある場所へ連れて行かれるような感覚がある
・同じ数字をよく見る
・「あ、これ見たことがある」ということがある
・同じ人に何度も会う。偶然に意外な人に会う
・自分の気分にぴったりの曲が流れる
・同じ情報を繰り返し目にする

・嫌な予感がする

こういう経験がある人は、自然と守護霊の存在を感じられているかもしれません。それぞれについて詳しく解説します。

・**突然お線香の香りがする**

亡くなった身内やご先祖様、お坊さんや巫女（みこ）さんの過去世などがあなたを守護している場合、お線香の香りを立てて存在を知らせることがあります。

・**落ち込んだときに背中が温かくなる**

守護霊はあなたに直接触れることはできませんが、そばにいてエネルギーを送ることはできます。落ち込んだときはヒーリングエネルギーを、頑張りたいときは応援のエネルギーを送ってくれるはずです。

心を落ち着けて目をつむってみると、背中が温かく感じられたり、「自分はできる！」と自信を持てたりするはずです。

・勝手に足が動いて、ある場所へ連れて行かれるような感覚がある

守護霊はあなたに直接触れることはできませんが、あなたのエネルギーに作用して、あなたの体を動かすことはできます。あなたが行かなければいけない場所があったり、出会わなければいけない人がいたりする場合は、あなたが紐で結ばれていて、その紐を引っ張られているかのように体が自然に動き、ある場所へ連れて行かれてしまうのです。

そこで出会う人、そこの場所はあなたにとって非常に重要なはずです。

・同じ数字をよく見る

守護霊は数字をよく使います。

亡くなった身内の人の命日の数字をよく見る場合は、その人が守護霊として近くにいることを示しています。あなたが尊敬している歴史上の人物の誕生日などをよく目にする場合は、その存在が守護となって、あなたへメッセージを送ってくれているかもしれません。

もしくは、ゾロ目を使ってあなたにメッセージを送っていることもあるでしょう。

1のゾロ目……物事を始めましょう
2のゾロ目……信じましょう
3のゾロ目……才能が開花します
4のゾロ目……願いが叶います
5のゾロ目……変化が訪れます
6のゾロ目……恐れを手放してください
7のゾロ目……ラッキーなことが起こります
8のゾロ目……金銭的な豊かさが近づいています
9のゾロ目……物事を終焉（しゅうえん）させましょう
0のゾロ目……原点回帰、また元の位置に戻りましょう

ゾロ目の数が多ければ多いほど、メッセージ性は強くなります。

・「あ、これ見たことがある」ということがある

デジャブは守護霊が出すサインです。それは、夢で実際に見た映像なのです。

守護霊はよくあなたに必要な夢を見させます。そして、その夢が現実に起こったときに、あなたは「見たことがある」という感覚を味わうのです。これは、あなたがこれから体験することを、守護霊が事前に夢で教えてくれているのです。

・同じ人に何度も会う。偶然に意外な人に会う

一日に同じ人と何度も会ったり、旅行先で自分の地元の人にばったり会ったり、偶然元カレとすれ違ったりすることがあるかもしれません。

こうした出会いもあなたにとって非常に重要で、会わなければいけない人だからこそ導かれて会うのです。

・自分の気分にぴったりの曲が流れる／同じ情報を繰り返し目にする

守護霊は、曲を流したり、広告を見せたり、同じ情報を繰り返し見せることが得意です。そして、その中にはとても重要なメッセージが隠されています。

落ち込んだときに胸に響く曲が流れてきたり、ＹｏｕＴｕｂｅで今まで見たこともない動画が繰り返し表示されるようになったりする場合は、あなたが見なければいけない情報がそこに隠されているのかもしれません。

・嫌な予感がする

守護霊からのメッセージでみなさんが受け取りやすい感覚は、「嫌な予感」です。「ラッキーな予感」よりも「嫌な予感」のほうが、私たちは受け取りやすくできています。それは、怖いことのほうがアンテナが立ちやすく、意識が向きやすいからです。

嫌な予感がしたら、守護霊からのアラート（警告）だと思ってください。道を通ろうとしたときの嫌な予感、外出しようとしたときの嫌な予感、電話が鳴った瞬間の嫌な予感などは、守護霊があなたに「これからの不運な出来事に備えよ！」と警告してくれているのです。嫌な予感が強いときには、その道を通るのをやめたり、予定をキャンセルして外出を控えたりすることもいいでしょう。

4 守護霊は入れ替わる

前述しているように、あなたの使命と守護霊はとても深い相関関係があります。守護霊は、あなたの使命によって配置されます。あなたが使命をよりまっとうができるように守護霊が選ばれ、配置されるのです。そのため、あなたが使命に対してどのような行動をしているかによって、守護霊は変化するのです。

もし、使命にまったく気づいておらず、違う人生を送っている場合は、まずは使命に気づいてもらえることを目的として、気づきやすくアシストできる守護霊がつきます。

守護霊のアシストで本当の使命に気づけた場合は、その使命を心からまっとうできるように、その使命に詳しい守護霊や、より専門的な守護霊がつきます。一つの使命が終わり、次の発展した使命に向かう場合も、守護霊がより専門的な存在に変化します。

そして、**実はあなたの意思で、意図的に守護霊に代わっていただくことも可能なのです。**

守護霊は早くて数日で代わることができますが、生まれてから寿命を終えるまで同じ守護霊がつくこともあります。

守護霊が代わったかどうかは、次のことでわかります。

1 味覚が変わり、好きな食べ物が変わった
2 服の趣味が変わり、好みの服装が変わった
3 読む本の種類が変わった
4 友人と縁が切れ、違うタイプの友人と仲良くなった
5 転職して違うタイプの仕事に就いた
6 朝型だったのに夜型になった（逆もしかり）
7 体質が変わった
8 顔が変わった
9 引っ越す、旅行する夢を見た
10 目指していた目標を大きく変更した

1から10までのことが短期間に起こり、自身も変化を感じている場合は、守護霊が変化したと考えていいでしょう。

それは最善の選択で行われていて、天界の采配です。あなたが使命をまっとうするための「行動」や「目標」が変更されたため、交代することになったのです。

5 自分の状態から見えてくる守護霊の特性

私たちには、苦しんでいる時期や絶好調な時期など、さまざまな時期がありますね。

守護霊も、苦しんでいるときのサポートが得意な守護霊もいれば、絶好調なときのサポートが得意な守護霊もいます。

部活動のコーチを思い出してください。ポジティブな言葉で元気づけることが得意なコーチと、ピリッと厳しくマナーをしつけてくれるコーチがいましたよね？　守護霊もそのように役割や得意分野があって、あなたの状況を見て丁寧に配置換えが行われています。

ここで、それぞれの特性について解説します。

❶過去世

非常に忍耐強く、意志が強いのが特徴です。霊視したときにくっきり見え、当時の服や考えのままのことも多いです。現世に生きるあなたに「〇〇をやり遂げて！」など、後悔した思いを達成してほしいという思いを伝えてきます。

過去世の守護霊がつくことで、あなたは体が強くなり、行動力が高くなり、ストレス耐性が強くなります。ドロドロした人間ドラマに巻き込まれても耐えられる体力と気力が手に入ります。

また、熱中するような集中力も高めてくれます。

❷ご先祖様

あなたのことを第一に考えて、サポートしてくれるのが特徴的です。霊視すると、あなたの容姿にとても似ていて、すぐに家族や親族であることがわかります。

現世に生きるあなたに向けては、「体に気をつけてね」「その人と仲良くなったら大変なことになるよ！　やめなさい」など、家族的なアドバイスを送ることが多いです。

「現世を生きるあなたにメッセージは？」と聞くと、「実家に帰っておいで」など、まさに親族が言いそうなアドバイスもします。これはあなたの未来を考えたアドバイスというよりも、親族の立場として帰ってきてほしいというエゴも強く入ります。

ご先祖様の守護霊がつくことで、あなたは体調が安定し、ゆっくりしたい、ペースを落としたいと思うようになります。家の中にいたいと思うことも増えます。家族のためにという意識が強くなり、外交的な交流が減ります。家族を大切にしたいという思いが強いことで、社会的な成功を求めなくなる傾向もあります。

❸守護動物霊

あなたの身の安全を守ってくれたり、人生の目標を全力で応援してくれたり、いい縁をつないでくれたりします。ご先祖様よりは引いた目線で、遠くから見守っていることが多いです。

特にバランスを大切にしていて、現世を生きるあなたの欲求を見抜いて、陰ながら応援してくれるか、もしくは、あなたの決断をどんなことがあっても応援するというスタンスをとります。

守護動物霊がつくことで、あなたは欲望が引いたような感覚がして、世の中をとても俯瞰して、感情移入せず見つめている気持ちになります。何事もバランスが大切だと感じるようになり、自分の仕事や趣味、生き方などを見直そうという気持ちになります。

また、感情のドラマにのみ込まれている人への軽蔑心が湧いてきて、縁遠くなることもあります。

一人を愛するようになり、自分の時間をとても大切だと思うようになります。

❹自然霊

あなたを時に厳しく、愛情深く指導してくれます。

自然霊は、生きることはタフなことだと知っていて、甘えを許しません。自然霊が守護につくと、あなたは成長できる人だと信じているため、なまけ癖をどうにかしようとしてくれたり、あなたが成長しようと思えるような境遇を用意してくれたりします。

芸術的なセンスを磨くこともすすめていて、何かを作りたいと思うようになります。

自分を責めるような言葉が聞こえてくることもあるかもしれませんが、それは自然霊が厳しく指導しているからかもしれません。「もっと前に出て、目立っていきなさい」「もっと自分を磨いて、たどり着いたことのない境地にたどりついて！」などの激励もしているはずです。あなたが「このままじゃダメだ。もっと努力したほうがいい」と思うならば、自然霊が応援しているからかもしれません。

自然霊がつくことで、「○○しなきゃ！」という気持ちになり、動き出すエネルギーが湧いてきます。

❺天使

愛情、肯定、信頼、応援のエネルギーを送ってくれています。天使は、どんなこともＹＥＳ！と肯定してくれるので、否定されることはありません。いつでも「大丈夫！　できるよ！　きっとうまくいく！」と声をかけてくれます。

そのため、現世を生きる私たちは「もっと具体的なアドバイスをしてほしい！」「もっと厳しくしてくれないとやる気にならないよ！」などと思うことも少なくありません。天使はやる気にさせることは得意としておらず、受容、共感してくれる愛情深い存在なので、ただただそこにいてくれるという存在です。

天使がつくことで、不安定な体調が落ち着いたり、安心したり、根拠のない自信が湧いてくることもあります。突然ワクワクしてきたり、うふふと笑いたくなったりするのも、天使が近くに来てくれているからかもしれません。

天使がつくことで、ありのままの自分を肯定された気持ちになり、今の自分に満足して感謝できるような状態になります。

❻宇宙人

あなたに最先端のアイデアと効率的に生きることを教えてくれます。

彼らは感情的な関わりを面倒なものだと思っているので、「感情ドラマにのまれることから極力離れなさい」とアドバイスします。実家に住んでいる人には「家を出なさい」とアドバイスしますし、煩わしい人間関係の職場に勤めていれば、「会社を辞めなさい」とアドバイスします。

ゼロ百思考的なアドバイスも多く、宇宙人がサポートにつくと、急に人間関係をリセットしたい衝動にかられたり、突然転職しようなどと思いついたりすることもあります。今までは友達が多かったのに一人を選ぶようになったり、寝ることや食べることを面倒だと感じたりすることもあります。

宇宙人がつくことで、最先端の科学技術に触れて、技術的に進化していくこと、人間がＡＩと共存して効率的に生きていくことが素晴らしいと思うようになります。興味の対象が、人間や自分の体から、最先端の技術や効率化へと移ります。

❼地球の神様

あなたに大きな幸運、安心感、絶好調な感覚をもたらします。

神様は人間を超越した力を持っていますので、起こるはずのない現実を変えて、奇跡を容易に起こすこともできます。

神様がつくと、万能感を覚えたり魔法使いになったような気持ちを抱いたりします。そして、物事のスピードが速く感じ、縁切りが良縁とつながるといったことが、短期間で一気に起こります。デトックスといいことが同時に起こるような、そんなイメージです。

神様はあなたが難しいと思ったことを瞬時に変える力があり、あなたは大きな力を感じながら生きるようになるでしょう。

さて、7種の守護霊の特性を解説しました。読んでわかるように、守護霊には得意不得意があって、あなたの状態に合わせて適切に配置換えが行われています。

あなたの様子をチェックするだけでも、今サポートしてくれている存在を近くに感じられるかもしれません。

6 不運なことが起こるとき

不運なことが起こると心配になりますよね。もしかしたら、守護霊から見放されてしまったんじゃないか、という不安を抱く人もいるでしょう。

不運なことには、守護霊によってそれぞれ意味があります。

❶過去世

不運な状況を乗り越えることで、過去世のカルマ（宿題）を乗り越えたことになります。子どもの頃から厳しい環境で育ったり、不運が続いたりする場合は、それを乗り越えることが、あなたの使命そのものであるといえるでしょう。

❷ご先祖様

不運な状況が起こるのは、家庭や家系からの警鐘であることが多いです。遺産相続で揉めていたり、親子・きょうだいの仲が悪いままだったり、宗教トラブル、お墓が放置されているなど、家族の問題に直面しているときに、不運なことが起こりやすいでしょう。

❸守護動物霊

守護動物霊のメッセージが聞き取れておらず、あなたがメッセージを参考にできていないときに不運な状況に陥りやすいでしょう。もしくは、体に溜まったもののデトックスや、金銭的なデトックスの意味合いで起こることもあります。

❹自然霊

生きる目的＝「使命」からずれてしまっていたり、道を見失っていたりするときに、警鐘的に不運なことが起こることがあります。それを乗り越えると「自分とは何か？」がわかることが多いです。

❺天使

「愛情」を勘違いしてしまっていたり、愛情を受け取ることを拒否してしまっていたりするときに、不運だと感じてしまうかもしれません。恋愛関係に限らず、家族、友人など、愛情が伴う人間関係において、あなたを不運な状況に置く、という形で何かメッセージを送っている可能性があります。

❻宇宙人

行動することをためらっていたり、不必要なことに時間を使ってしまっていたりするときに不運だと感じることが起こっているかもしれません。宇宙人のポリシーは「常に行動あるのみ！」。あなたが前へ進むことを応援しているので、行動をためらっているときは、不運なことを通して前向きになるマインドセットをするタイミングかもしれません。

❼地球の神様

自信がなくなり、「自分にできるのだろうか？」という恐れを感じると、それが現実化して不運なことを引き寄せてしまうでしょう。神様は常にあなたの力を最大限開こうとしているけれど、あなたが内側にこもってしまうと、警告として不運なことを起こしてしまうのです。それを乗り越えることで腹をくくれて、神様のパワーを最大限いただける状態になれるはずです。

不運なことが起こるのも、守護霊のメッセージかもしれません。その渦中はとてもつらいかもしれませんが、その出来事はどんな状況でどんなふうに起こったのかを冷静に見つめてみると、おのずと自分がとるべき行動も見えてくるかもしれません。

ここからは、より具体的な状況と、それを乗り越えるために、どんな守護霊が適しているのかを紹介します。

最近、あなたにこんなことは起こっていませんか？

●心身の病気にかかった

ご先祖様、守護動物霊、天使、地球の神様は、体調を回復させるのが得意です。この存在たちが、今のあなたのサポートについて体調を回復させようと努めているかもしれません。

- **ご先祖様が近くにいるサイン**……ご先祖様が亡くなった日の日付の数字をよく見る
- **守護動物霊が近くにいるサイン**……以前飼っていたペットの面影を感じる。

もしくは思い出す瞬間がある

・**天使が近くにいるサイン**……4の数字、天使のモチーフ、エンジェルという言葉をよく見る

・**地球の神様が近くにいるサイン**……神社で祈る。神社のお守りを持っている

●離職、転職することになった

過去世、自然霊、宇宙人、地球の神様は、リストラなどの一見不運に思える状態をサポートすることが得意です。この存在たちがサポートについてくれているかもしれません。

彼らはいい未来に導くことが得意で、いい転職となるよう努めているかもしれません。

・**過去世が近くにいるサイン**……特定の時代のはっきりした夢を見る。悔しいという気持ちが湧いてくる

・**自然霊が近くにいるサイン**……自然のある環境でアウトドアをしたい、しなければという気持ちになっている。叱咤(しった)激励の言葉が頭の中で呼応している

・宇宙人が近くにいるサイン……宇宙船を見る。8のゾロ目を見る。「もっと進歩しなければ」という気持ちになる

・地球の神様が近くにいるサイン……神社で祈る。神社のお守りを持っている

●人間関係の縁切りが起こった

ご先祖様、守護動物霊、宇宙人は、人間関係の縁切りが起こった際のサポートが得意です。その縁切り自体をサポートしていることもあります。要は、あなたの未来が明るくなるとわかって、その縁切りが起こるようにサポートしていることもあるのです。

この存在たちがサポートしてくれることで、悲しい思いや悔しい思いをしがちな縁切りも、明るい未来へつながるために必要なことだったのだとポジティブに捉えられるかもしれません。

・ご先祖様が近くにいるサイン……背中や肩に温かさを感じる。突然お墓にお参りに行こうと思った

・守護動物霊が近くにいるサイン……足元に動物がいる感覚がする

・宇宙人が近くにいるサイン……今まで縁がなかったような人物と縁がつながる

●騙される、裏切り、事故に巻き込まれるなど、明らかにネガティブなことが起こった

過去世、天使、守護動物霊、自然霊は、避けられないネガティブな事象を癒やすことがとても得意です。傷ついた気持ちやトラウマになりそうな気持ちを癒やしてくれます。

過去世に関しては、これはカルマの解消になると捉えてみましょう。ネガティブなことを経験するのも、過去世が癒やされることにつながるとても大切なイベントだと捉えている節もあります。過去世がサポートについて現世のあなたと共に体験することで、過去世の守護霊も癒やされるという体験をするのです。

過去世がサポートの場合は、あなたがネガティブなことに巻き込まれてしまうことは避けられず、それを経験することが、あなたの魂の学びにとって非常に重要な経験だったということになります。

天使や守護動物霊、自然霊は、泣いているあなたのそばに寄り添ってくれるで

しょう。中でも、自然霊の場合は叱咤激励をしてくれて、あなたの人格を練磨するように応援してくれます。

・**過去世が近くにいるサイン**……デジャブのように感じる。このために生まれてきたかもしれないという核心を感じる

・**天使が近くにいるサイン**……ピンク色のエネルギーが見える。突然安心感を抱く。讃美歌やクラシック音楽を聴きたくなる

・**守護動物霊が近くにいるサイン**……泣いているときや落ち込んでいるときに、誰かがそばにいる感覚がする。話を聞いてくれる相談者が現れる

・**自然霊が近くにいるサイン**……強いエネルギーが湧いてきて、「こんなことで負けないぞ！　乗り越えるんだ！」という力が湧いてくる

いくつかのケースを紹介しましたが、どんな不運が起きた場合でも、まだサポートされていないと感じたら、最適な守護霊にサポートをお願いしてみましょう。ここまで説明してきた守護霊が近くにいるサインをもとに、意図的にその行動を起こしてみるといいと思います。

7 ピンチのときに守護霊が来るのか？ピンチを守護霊が引き起こすのか？

前項の解説を読んで、守護霊がどこまで権限を持っているのか、もしくは、守護霊はどのタイミングで配置転換されるのか、気になった人もいるかもしれません。

基本的には、守護霊はみなさんの使命に忠実です。あなたが使命を見失ってしまっていたり、違う方向に向かってしまったりしている場合は、守護霊がアシストして、その方向性を変えるようにサポートすることがあります。

しかし、ルールとして物事を明らかに動かすことはしてはいけないし、することはありません。例えば、人間関係の縁切りに関しては、あなたの携帯を使って縁切り相手に縁切りメールを送ることなどは、守護霊はしてはいけません。

ただ、あなたの頭の中に「この人間関係で本当にいいのだろうか？」と考えさせるきっかけを与えることはできます。最初は仲良くしていた相手も、時がたつにつれて違和感を覚えたり、「こんなふうに時間を潰(つぶ)していていいのだろうか？」と思ったりしたことがないでしょうか？　それは、あなたが使命から遠ざかっていたり、違う方向に進んでいたりしているときの、守護霊たちによる知らせなのです。

ですので、守護霊があなたのピンチのきっかけを与えることもありますが、どれもすべて、**「あなたがもともと決めたことをスムーズに遂行できるように」**という思いに起因しているのです。

もちろん、あなたにとって避けることのできないネガティブなことが起こったときは、それを癒やすことが得意な守護霊が後からついてくれることもあります。そのため、あなたが傷ついているときやどうしようもなく落ち込んでいるときは、気兼ねなく守護霊のサポートを呼ぶようにするといいのです。

サポートをお願いする方法は、次の章で詳しく紹介します。

第6章

より豊かな人生を求めて

1 7種の守護霊別　サポートを依頼する方法

第5章で述べたように、私たちは守護霊にサポートをお願いすることができます。守護霊はいつも同じではないので、自分の状態に合わせて、最適な守護霊にお願いすることで、その力を最大限受け取ることができるようになります。

では、守護霊にサポートをお願いするには、どのようにすればいいのでしょうか？　守護霊別に依頼方法があるので紹介します。

❶過去世

繰り返している問題や課題の解決、新しいことへのチャレンジ、困難を乗り越える、人間関係の解消、短所や苦手なことの改善などに向いている守護霊です。もしもあなたがそういった状況にいる場合は、過去世にサポートをお願いしてみましょう。

方法1　手紙を書く

過去世の自分に手紙を書いて、サポートを依頼してみましょう。便箋を用意して、次のような内容の手紙を書きます。書き上げたら、イメージで空につながるポストに投函します。実際には引き出しなどに保管しておき、しばらくおいてから見返してもいいでしょう。もし捨ててしまったとしても問題はありません。手書きが苦手な人は、メールでも大丈夫です。自分のアドレスに向けて送信してみてください。

過去世の自分へ

いつも見守ってくださりありがとうございます。あなたの助けが必要です。過去世で得意だったことや知恵を活かして、助けていただけませんか？　あなたは私で、私はあなたです。協力して今世をよりよい人生にしたい！と強く思っていますので、ぜひたくさんのアイデアを教えてください。あなたがいるサインとして○○を出してくださるとわかるので、お待ちしています。私はあなたをいつも思っています。過去世と融合し、素敵な人生になるように努力します。

こちらの手紙はあくまで一例です。

大切なことは、過去世はあなた自身なので、あなた自身に敬意を払いながら、困っていることやヘルプしてほしいことをお願いすることです。

そして、**過去世を信じるということは、同時に自分を信じることでもあります。**自分を信じる気持ちを強く持つこともとてもいいことです。

加えて、毎日寝る前にサポートしてくれたことへの感謝を唱え、過去世を活かして頑張って生きることを宣言すると、過去世との連携が強くなります。つながりが強くなると、アドバイスを受け取りやすくなったり、いい方向に行くためのチャンスがやってきたりします。

方法2 心惹かれる人、国などを調べ、実際に足を運ぶ

なぜか心惹かれる歴史上の事象や人物を調べたり、どうしても気になる国へと旅行したりしてみましょう。

過去世がサポートをしてくれるようになるためには、過去世を知ろうとすることも、とても重要です。

気になる歴史上の人物がいたら、掘り下げて学んでみましょう。本を読んでみ

る、歴史ドラマを見てみる、ゆかりの地を訪れてみるなどもとてもいいですね。
例えば、空海（くうかい）が気になるという場合は、空海がたどった場所を訪れてみるといいでしょう。紫式部（むらさきしきぶ）が気になるという場合は、『源氏物語』などの作品を読んでみるといいでしょう。

そういった**学ぼうとする姿勢、つながろうとする行為をきっかけに、過去世がサポートについてくれることがよくあります。**

旅行などもその一つです。実は、私たちは導かれるように過去世が関連する旅行先を選んでいて、自然と過去世とつながっていることもあるのです。

旅行というのは、過去世とつながるためにもとても重要なアクティビティです。なんとなく流行している場所にでかけるよりは、気になる歴史上の人物とつながりのある場所を訪れてみるような工夫をしてみましょう。

方法3　霊視で存在を意識する

霊視できる人に過去世を霊視してもらい、その存在を意識するようにすることもとても有効です。

世の中に、過去世を霊視することができる人はたくさんいます。もし、あなたが過去世のサポートがほしいと思ったら、過去世をリーディングしてもらい、その存在がわかれば、意識して話しかけるようにするといいでしょう。

例えば、あなたの過去世は巫女さんだと言われたとしたら、自分が巫女さんだったことをイメージして、その存在に守ってもらうようなイメージをするのです。妄想と捉えてもいいです。そうすると、巫女さんの守護霊がサポートについてくれるようになります。

過去世を意識することだけでも、サポートを依頼していることと同等の意味を持ちます。

●過去世に人生を乗っ取られることはない？

過去世がサポートについてくださると、自分の人生がおざなりになるのでは？と心配になってしまう人がいるかもしれません。

ですが、その心配はありません。守護霊につく過去世は、修行を終えていますので、あなたの人生を横取りしてしまうほど未熟ではないのです。

しかしながら、あなたが人生を放棄しているようなメンタルだと、過去世の意志が強くなってしまうことがあります。そのため、常に目標や自分の人生でやってみたいことなどを確認して、マインドセットをすることは大切なことです。

いずれにせよ、過去世のことを信頼して、あなたの人生を悔いのないようにしましょう。

❷ご先祖様

家族問題の解決、体調の回復、孤独感の解消、結婚パートナーシップ問題の解消、子育て問題の解消、金銭面のトラブル改善などが得意な守護霊です。

もしもあなたがそういった問題を抱えている場合は、ご先祖様にサポートをお願いしてみましょう。

方法1 お仏壇の前で話しかける

お仏壇の前に座り、話しかけましょう。その際には、線香を焚(た)きます。故人が好きな花を飾ったり、好きなものをお供えしたりすることもいいです。

伝える内容は、「今、〇〇で悩んでいます。その答えをいただけませんか？

サポートをぜひお願いします。私は○○の悩みが改善するように努力いたします」という感じがいいでしょう。あなたにヘルプを求められることに、きっと喜んで力を貸してくれるはずです。

お仏壇の前で感情を出すのもいいです。涙を流す、落胆する、ぼーっとするなど、感情のままお仏壇の前に座りましょう。しばらくすると、肩の近くに温かさを感じたり、安心するような言葉が聞こえてきたりするかもしれません。もしくは、ぱっと何かがひらめくかもしれません。お仏壇ではありのままを見せるようにすることが大切です。

●氏名や住所は明確に

ご先祖様に守ってほしい場所がある場合は、住所を読み上げましょう。誰かとの問題を解決してほしいときは、フルネームを読み上げてください。いずれも、可能な限り具体的に読み上げることが重要です。

●お仏壇はいつも清潔に

お仏壇が埃(ほこり)っぽくなっていませんか? こまめにお仏壇を掃除し、お供え物が傷んでいたり花が枯れていたりしたら、すぐに新しいものに替えてください。お仏壇は、ご先祖様とつながれるポータルのような役割を持っています。ぜひ、清潔で心地いい状態にしておきましょう。

●頻度はどれくらい？

実家にお仏壇がある場合は、実家に行く際にお願いをするといいでしょう。自宅にある場合は、毎日、もしくは1週間に最低2度はお仏壇の前に座るようにしましょう。家にも実家にもお仏壇がない人は、「方法3」（P190）を参照してください。

●生まれた姓のご先祖様と結婚した姓のご先祖様、どちらを大切にすべき？

どちらも大切にすべきですが、結婚して苗字が変わっている場合は、結婚後の姓のご先祖様にお願いするようにしましょう。ただし、生まれたときの姓に関わるご先祖様に近くにいてほしい場合は、生まれた姓のご先祖様が眠るお仏壇に手を合わせましょう。

方法2　お墓参りに行く

ご先祖様とつながるには、お墓参りもとてもいいです。日常生活が忙しく、お墓のことをつい忘れがちになっている人や、お墓参りはお盆のときだけになっている人も多いですが、ご先祖様たちはいつもあなたたちのお参りを待っています。

お墓をお参りするとき、汚れている場合は水を使って掃除をする、枯れ葉やゴミがあれば取る、花を替える、お供え物をするなどもいいでしょう。

お墓の前では手を合わせ、近況報告と感謝を伝えます。

次に、サポートを強くお願いしたいことをお伝えします。不安なこと、心配なことを率直に話すといいでしょう。

最後に「サポートをお願いします。守ってください」とお願いしてください。明確にお願いをすると、ご先祖様は必ず応えてくれます。

例えば、近くにいるサインとして「お線香の香りを出してください」とお願いすると、線香の香りを漂わせてくれるご先祖様もいます。近くにいるサインとして「○○をお願いします！」と頼んでみるのもいいかもしれませんね。

ちなみに、結婚して姓が変わっている人は、嫁ぎ先のご先祖様を第一優先とし、次に生まれた姓のご先祖様、最後に両親どちらかの旧姓のご先祖様の順でお参りします。3ヶ所行くのが大変であれば、まずは嫁ぎ先のご先祖様のお墓に参りましょう。

●お墓には本当にご先祖様がいるの？

「お墓に本当にご先祖様たちの霊がいるのか？」と気になる人は多いと思います。亡くなった人が、自分はお墓にはいないと歌った歌もありますよね。

霊視セッションで、全然お墓参りに来てくれないとおっしゃるご先祖様の守護霊とたくさん会話してきました。彼らは、お墓にずっといるわけではありませんが、お墓参りをしてくれるという行為に敬意を示しています。

私は、**お墓というのはお仏壇と同じく、ご先祖様と私たちとをつなぐポータルのような役割をしている**と思っています。公衆電話のようなイメージです。もちろん、お墓にいなくても会話をすることはできるけれど、私たちの思いをしっかり伝えられる場所、ご先祖様たちのメッセージをしっかり伝えられる場所がお墓だと思っています。

そして、**ご先祖様たちは、私たちが遠路はるばるお墓参りに来たというその気持ちが嬉しいのです。**ご先祖様たちはそれを愛情だと受け取ってくれます。もちろん家でご先祖様に祈ることでも思いは伝わりますが、お金と時間を使い、家族でお墓参りに行くというその気持ちを表明することで、より一層ご先祖様たちと私たちとの絆は強くなるのです。遠方に住んでいる祖母に会いに行くような気持ちで、ご先祖様の眠るお墓にお参りにいきましょう。

●お墓に花やお供え物を放置しない

寺などの場合は、住職さんが花やお供え物を撤去してくださることもありますが、普通のお墓では、置いていくとそのままになってしまいます。

花はやがて枯れますし、お供え物も腐ってしまいます。その腐る状態で放置されるのは最もよくない状況で、ご先祖様たちは悲しく苦しい思いをしてしまい、よくない形で私たちへお知らせが来ることもあります。

花やお供え物を飾ったら、帰るときに撤去するなど、腐ったまま残ってしまうような状態を避けましょう。

●寺などお墓関係の人たちとは良好な関係を築こう

お墓を建てている場所に関係する人たちとの人間関係は良好ですか？　寺にある場合は寺の人との関係、土地を買った場合はお墓を管理してくれている会社や個人との関係です。

お墓に関係する人たちとの関係は、良好なほうがいいでしょう。揉めるとお墓によくない影響があります。お墓自体のエネルギーが下がるので、そこに眠るご先祖様たちの居心地が悪くなるのです。人間関係の悪さは、お墓の土地に影響し、そこに眠っている人たちへ影響があるということです。

そのため、お墓に参るときにはきちんとご挨拶したり、感謝の気持ちをこまめに伝えたりして、お墓の土地に関係する人たちとは仲良くしておくほうがいいでしょう。

●お墓参りは午前中までに済ませよう

お墓参りは午前中がベストです。夕方以降に参るのはやめておきましょう。

お墓という場所は、ご先祖様とつながる場所ではあるけれど、さまざまな浮遊霊なども集まりやすい場所です。午前中はそういった存在が現れにくいので、午前中にお参りしましょう。

●僻地、またはかなり遠い場所にあり、頻繁に行けないけど大丈夫？

お墓は田舎や交通の便の悪い場所にあることも多いですね。その場合は、数年に1回でもいいので、参る計画を立てるのがベストです。もう参らないと決めてしまわずに、どうにかチャンスがあればお参りできるように工夫してみましょう。その気持ちが重要です。

方法3　家にご先祖様とつながるスペースを作る

お仏壇が家にも実家にもなく、お墓も遠いという人は、ぜひ家に簡単な祭壇（聖なる場所）を作ってみましょう。

まず、ご先祖様のお墓がある方角に向けて、ご先祖様とつながれるスペースを用意します。小さなテーブルでもいいですし、デスクの一角にそのようなスペースを作ってもいいです。ご先祖様のことを思えるような場所であればいいので、広くなくても大丈夫です。

そこにご先祖様の写真を飾ってもいいでしょう。写真がない場合は、家紋の入ったものや家に代々受け継がれるものなど、ご先祖様を連想できるものを置いてもいいです。家族と疎遠になっていて、そのようなものを取り寄せられないという場合は、あなたがご先祖様宛に書いた手紙などを飾ってもいいです。線香とろうそくが立てられる場所もあると、よりつながりやすくなるのでいいですね。

祭壇は華美でなくてもかまいません。**大切なことは、ご先祖様とつながるスペースであるとあなたが決めることと、その場所に敬意を払うこと**です。その場所はいつも清潔にし、思い立ったらお参りできるようにしておきましょう。

●祭壇でのお参りの仕方は？

自宅での祭壇では、ご先祖様をイメージして、悩み事を吐露したり、サポートしてほしいことを具体的にお願いしたりするといいでしょう。祭壇をご先祖とつながる公衆電話のようなイメージで捉え、あなたのことをよく話すようにしましょう。

そして、ご先祖様たちがどのようにサポートしてくださるかを見守りましょう。必ずサポートしてくださるはずです。

●お供え物などはするべき？

お供え物などもできるとよりいいですね。いずれにせよ、ご先祖様を思う「気持ち」が重要です。ご先祖様を忘れておらず、いつも思っていますということが伝わるようにしたいですね。

❸守護動物霊

交通安全、運気を上げる、厄除(やくよ)け、良縁をもたらす、悪い縁を切る、目標の実現などが得意な守護霊です。もしもあなたがそのようなお願いをしたい場合は、守護動物霊にサポートをお願いしてみましょう。

方法1 守護動物が祀ってある神社や寺へ出向き、ご加護をお願いする

守護動物のご加護を受けたい場合、神社や寺へ出向くのはとてもいいことです。祀られている存在が動物だったり、神のサポートが動物である神社や寺を選ぶようにしましょう。神社や寺に大きく動物が彫られていたり、石像として置かれている場所もよいでしょう。

有名な神社・寺は次の通りです。

- 金蛇水神社（宮城）……金蛇が祀られている
- 三峯神社（埼玉）……オオカミが祀られている。日本武尊が創建した際に、その道案内をした存在といわれている
- 三輪神社（愛知）……ウサギが神様の使いとして祀られている
- 大神神社（奈良）……蛇が祀られている。主祭神である大物主大神の化身
- 達磨寺（奈良）……聖徳太子に仕えていた犬が眠るとされている
- 八房神社（鹿児島）……トラが祀られている。四聖獣が存在し、それらの聖獣になぞらえたことから

こうした場所に出向き、祈る際に「サポートをお願いします」と伝えましょう。
守護動物たちのご加護を受けることで、守護動物たちとつながることができます。
お守りをいただいたり、絵馬をかけたりするのもいいでしょう。

方法2　縁を感じる動物のモチーフを持ち歩く。インテリアに動物を置く

干支の動物、好きな神社や寺に祀ってある動物、飼っている動物などのモチーフを持ち歩いたり、置物、絵画を飾ったりするのがおすすめです。実際に目にする機会を増やすにつれて、動物を意識する機会も増え、その動物とのつながりをとても強く感じられるようになるでしょう。

方法3　ペットの遺骨を手放し、写真などを飾る

今まで霊視してきた中で、ペットの遺骨を埋めずに持っていることで、成仏できずに苦しんでいるペットの姿を見てきました。

ペットの遺骨をネックレスにしている人や、家に置いている人がいますが、それはペットが成仏できなくなり、苦しんでしまう原因になります。亡くなったペットが近くにいる感じがすると言われることもありますが、それは守護動物霊ではなく、未浄化の動物霊です。

未浄化の動物霊の場合は、私たちを守ってくれているのではなく、私たちに未浄化であることを伝え続けることになり、アンラッキーなことが起こったり、あなた自身が病気になってしまったりすることがあります。

ペットが守護動物霊になるためには、成仏することが大前提です。そのためにも、ペットの遺骨を持ち続けることをやめて、土に返す、またはお墓を作って埋葬するなどして成仏させてあげましょう。そうすると、1年から3年ほどで、守護動物霊として戻ってきてくれるかもしれません。

そして、ペットに愛情を送るイメージをして、ペットの守護動物霊とのつながりを意識しましょう。

❹自然霊

弱い自分を変える、本来の才能を伸ばす、芸術的な部分を伸ばす、本来の自分を取り戻す、浄化する、気分や運気を上げる、冷静になる、落ち着く、厳しい現実を受け入れる、耐える力やストレス耐性を上げるなどの望みがある場合、自然霊にサポートをお願いしてみましょう。

方法1 自然に出向き、瞑想をする

自然霊とつながるための基本は、自然に出向くことです。自然霊が多くいるの

は、大きな自然がある場所です。大きな山、広い草原、湖や川、滝など、自然の壮大さと荘厳さを感じられる場所ならなおいいです。

その場所を訪れたら、目を閉じてゆっくり呼吸をし、自然とつながるイメージをしてみてください。そして、心の中で具体的に願いを唱え、サポートをお願いしましょう。

都会に住んでいて、なかなか自然と触れ合えないという場合は、都会の中にある公園などでもいいでしょう。

その名のごとく、自然霊は自然の中にいます。ぜひ自然の中でゆっくりと時間を過ごしましょう。


自然霊が多くいる場所で有名なのは、次の場所です。ぜひ訪れてみてください。

・知床半島（北海道）・白神山地（青森・秋田）・龍泉洞（岩手）
・華厳の滝（栃木）・チャツボミゴケ公園（群馬）・高尾山（東京）
・美人林（新潟）・富士山（山梨・静岡）・上高地（長野）
・琵琶湖（滋賀）・嵐山竹林の小径（京都）・那智滝（和歌山）

・厳島（広島）・四万十川（高知）・白糸の滝（福岡）
・九十九島（長崎）・屋久島の屋久杉（鹿児島）

方法2 観葉植物を置いて、観葉植物に話しかける

観葉植物は自然霊とつながるツールです。観葉植物を育てることは、自然霊とのつながりを強くし、自然霊のご加護を受けられます。

一番いいのは、観葉植物をいくつか集めたスペースを作ること。そうすると、自然霊が集まりやすくなります。霊視すると、自然霊はティンカーベルのようなイメージなので、観葉植物が集まっている場所は居心地がよさそうです。

観葉植物に向けて、毎日自分の願いを語ったり、ポジティブな言葉を語りかけたりすると、自然霊のサポートが得られやすくなるでしょう。

●観葉植物が枯れるとき

あなたのエネルギーが枯渇していると、観葉植物はよく枯れます。それはあなたにエネルギーを注ごうとしてしまうためです。もちろん手入れが足りない、手入れをしすぎているということもありますが、**きちんと手入れしているにもかか**

わらずに枯れてしまう場合は、あなたが疲れ切っていたり、浄化が必要だったりするサインです。

その場合は、自分をいたわる時間を作ったり、気分を明るくできる工夫をしたりしましょう。塩風呂に入ることや、愚痴を家の中ではなく外で出し切って帰ることなども効果的です。

方法3 ナチュラルな食生活に変えて自然霊を迎える

自然霊は、ナチュラルな体の人を好みます。そのため、コンビニ弁当、加工品、砂糖まみれの食品などを摂取し続けると、自然霊がサポートにつこうとしても、継続してあなたのそばにいることが難しくなります。

自然霊からたくさんのご加護を受けるためにも、自然な食品を好み、ナチュラルな体を目指しましょう。

次のような生活をおすすめします。

- オーガニックや低農薬の野菜や果物を選ぶ
- 加工食品を減らし、自然の食品をとる

・添加物を減らす
・お菓子などの砂糖が多く使われている食品を減らす
・調味料を自然なものに替える
・グルテンをとりすぎない。小麦製品は毎日ではなくたまに食べる

ナチュラルな体に近づいて自然霊のサポートが強くなると、くよくよ悩みにくくなったり、だるさがとれたりします。ストレス耐性が上がり、前向きな思考になります。

ぜひ食生活を変えて、自然霊がいつ来てもいいような環境作りをしましょう。あなたの体がナチュラルになり、自然が豊富な場所に足を運んで「ぜひサポートに来てください！」と願うと、自然霊は家までついてきてくれます。

❺天使

メンタルを安定させる、不妊症改善、安産、リラックス、病気を軽くする、病気を治す、愛情を学ぶ、トラウマをヒーリングする、恋愛を成就させる、困難なことを受容する、性に関わる悩みを解決するなどが得意な守護霊です。あなたが

そのようなことを望む場合は、天使にサポートをお願いしてみましょう。

方法1 クラシックを聴き、天使の絵画やモチーフを見ながら、天使とのつながりを意識する

クラシックは、天使とつながるとてもいいツールです。讃美歌やゴスペルなどもいいですね。そのような波動の高い音楽を聴く機会を増やすことで、天使のサポートを受けることができます。

その際に天使の写真や絵画、モチーフなどを用意して眺める、触るなどしてみてください。ピンクのベールをイメージして、そのベールに覆われるようなイメージができるといいでしょう。

天使が近くに来ると、4の数字をよく見るようになります。また、羽根が道に落ちているのをよく見るようになります。

私の場合、空から大量の羽根が降ってきたことがあります（笑）。鳥が爆発してしまったのかと心配になるほどの羽根が空から降ってきて、そのときは驚きましたが、すぐに天使からの祝福だとわかり、天使を近くに感じました。

方法2 感謝の気持ちを表明する

天使の波動は、感謝の波動と近いと言われています。そのため、日頃から感謝の気持ちを持っている人は、天使が近くに来てくれやすいといえます。

感謝というのは、見せかけではなく、心から体感していることが重要です。

感謝をしやすくなる方法は、**「過去の自分と今を比較して、よくなっていることを実感すること」**です。例えば、以前いた友達よりも今の友達のほうが心が通じ合えることへの感謝、以前は不安定だった体調が健康になったことへの感謝、さまざまな能力が向上してきた自分への感謝などができると、感謝の波動が出てきます。

もちろん、「前のほうが若かったのに」「昔はもっと動けていたのに」などの気持ちがあるとは思います。でも、そちらには目を向けず、以前よりも成長しているところ、よくなっていることに目を向けることが大切です。

感謝の波動は、天使を近づけます。多くのものに感謝できるよう、1週間に1度は過去の自分を振り返り、現在の自分を見つめ、感謝する時間を作りましょう。

方法3 どんなこともＹＥＳ！と受け入れてみる

天使のサポートを強くするためには、天使と同じような感性を持つことが必要です。天使は、すべてのことをＹＥＳ！と受け入れ、肯定してくれます。

私はよくオンラインサロンなどのコミュニティで「ＹＥＳのワーク」をすすめています。「ＹＥＳのワーク」とは、ある一定期間を決めて、さまざまな提案やチャンスがあれば「ＹＥＳ！」と答えるというワークです。

「ＹＥＳのワーク」をしてみると、いかに自分がチャンスを断っていたり、スルーしていたりしたのかに気づかされます。さらに、ＹＥＳ！と引き受けることが、いかにスリリングで恐怖心を伴うのかもわかります。その恐怖心を乗り越えられると、達成感や自己肯定感が上がるのです。映画『イエスマン』は、まさにＹＥＳと答えると決めて行動し続けたことで人生が好転したという話ですね。

そういう意味で、天使と同じように、**「すべては必然で素晴らしいチャンスなのだから、ＹＥＳ！と引き受ける」**という行動をとることで、天使がサポートをしやすくなります。

ぜひみなさんも「ＹＥＳのワーク」期間を自分で設けて、さまざまなことにチャレンジしてみましょう。

❻宇宙人

転職、好奇心を高める、使命を生きる、没頭する、最善の選択をする、カリスマ性を高める、金銭的な呪縛から解放される、新しい技術を身につける、新時代的な価値観にアップデートするなどの願望がある人は、宇宙人にサポートをお願いしてみましょう。

方法1　UFOを呼んでつながる

宇宙人とつながる方法は、なんといってもＵＦＯを呼ぶことです。ＵＦＯは能力者だけが呼べると思われがちですが、実は私たちも呼ぶことができます。

まずは、「ＵＦＯを呼びたい」「宇宙人たちとつながりたい」と強く念じます。怖がってしまったり、自信を失ってしまったりするとよくありません。好奇心を高めて「宇宙人に会いたい！」と心の中で叫びましょう。

次に、夜空を見上げ、「UFOが見えますように。宇宙人とつながりを持てますように」と祈ります。そのまましばらく、夜空を見上げておくようにしましょう。

30分ほど夜空を見上げていると、本当にUFOが見えることもありますし、その日は見られなくても、宇宙空間が舞台の夢や、宇宙人から宇宙語で話しかけられる夢を見るなど、夢の中でコンタクトされることがあります。宇宙人は夜空に現れなければ、基本的には夢でコンタクトをとることが多いので、夢に意識を向けましょう。つながりたいと思うことが重要です。

方法2 宇宙人とつながるチャネラーの動画を見る、本を読む

宇宙人とつながるために、実際に宇宙人とつながったメッセージを配信しているチャネラーの本や動画を見るのもいいでしょう（神、宇宙人、霊的存在などと交信することをチャネリング、交信している人をチャネラーと呼びます）。

有名なのは、ダリル・アンカさんです。彼は「バシャール」という宇宙の存在とコンタクトをとり、そのメッセージを発信しています。バシャールからのメッセージは、とても進歩した未来を感じさせるもので、私たちを未来思考にしてく

れます。宇宙人とのチャネリングがどのようなものかを示してくれ、宇宙人とつながる感覚を教えてくれます。ＹｏｕＴｕｂｅチャンネルや日本の有名人とコラボもしています。動画や書籍も多数ありますので、ぜひご覧になってみてください。

また、リサ・ロイヤルさんも「プレアデス星」とチャネリングするチャネラーです。宇宙人とのコンタクトに関する本が出版されています。

そのような本や動画を見ることは、宇宙人とのコンタクトに興味関心を持っていることを行動で示しています。それがきっかけになり、宇宙の存在がサポートについてくれることがあります。

●宇宙人は怖いイメージ!?

「宇宙人は怖そうだな」というイメージを持つ人もいると思います。助けてもらえるといってもイメージが湧かず、「ＵＦＯに拉致されてしまうのでは？」と心配になってしまうかもしれません。

しかし、そのような心配はいりません。地球人とコンタクトをとろうとする宇宙人は、地球の発展や未来への発展に非常に興味がある存在で、心優しく私たちを見守ってくれています。そして、惜しみなく知恵を提供してくれるのです。

怖いという気持ちではなく、未来を見せてもらえる存在、未来を教えてくれる存在と捉えるようにしてみましょう。

❼地球の神様

流れを大きく変える、開運、強烈なデトックス、脱皮、人生に大きな変革を起こす、奇跡を起こすなどを望み、強力なサポートを求めている人は、地球の神様にサポートをお願いしてみてください。

方法1 氏神様を大切にする

ずっと住んでいる場所の氏神様（その土地の神様）、引っ越した先の氏神様に、ご挨拶やお参りはしていますか？

地球の神様のサポートで最も身近な神様は氏神様です。神社が好きな人の中には、有名な神社へはよく足を運ぶけれど、家がある土地の神様のもとにはまだ行ったことがないという人もいます。最も優先すべき神様は氏神様で、最低でも1年に1度、お正月頃にご挨拶するといいでしょう。

一番身近な神様を大切にすることで、有名な神様や旅行先の神様もあなたを信頼して、サポートしてくださるはずです。

●おすすめは氏神様のお札を飾ること

最近は神棚を用意している家庭も少ないかもしれませんが、神様からのご加護を受けたいという場合は、神棚を用意して氏神様のお札を飾るといいでしょう。神棚を用意できない人は、お札のみを飾ってもいいです。目線より上で、清潔な場所に飾るようにしましょう。

方法2 心惹かれる神社へ出向く

たくさんの神様に出会えることは、日本の魅力の一つです。神社では人の神様、自然の神様、動物の神様など、さまざまな神様に出会うことができます。

神社へ行くときには、誰が主祭神であるかを必ず調べましょう。可能であれば、どのような歴史をたどった方で、どのような経緯で神社の主祭神となられたのかを知るようにしましょう。

神社にふさわしい服装をして、可能な限り午前中に参りましょう。お願い事をする際には、見合う金額を賽銭箱へ入れてお参りします。お願い事は端的にまとめながらも、具体的に言えるといいですね。個人名や住所は明確に伝えましょう。

私が神社へ参拝する際は、お賽銭の金額を５００円、１０００円、３０００円、５０００円、１万円と分けています。フラッと立ち寄らせていただいた神社へは５００円から１０００円で、明確な意図を持って訪れる神社の場合は３０００円から１万円のお賽銭を入れることもあります。

もちろん「金額ではない、気持ちだ」という意見もわかるのですが、こちらの心構えや神様への敬意や誠意を見せられるように、このように決めています。

神社には種類があり、次のような特性があります。

・天皇や偉人が祀られている神社……祈願成就に長けている
・神話の神様や伝説のものが祀られている神社……奇跡や不思議なことを起こし、スピリチュアリティを高めることに長けている
・動物が祀られている神社……不浄なものの浄化や、物事を好転させることに

長けている
・自然物が祀られている神社……地球への感謝を感じさせ、生きることそのものに気づきを起こさせることに長けている

事前に神社をよく知り、神様に敬意を払いながら参拝することを意識しましょう。

●お礼参りを忘れずに

いいことがあったり、願いが叶ったと思ったりしたら、神様にお礼をきちんと伝えましょう。以前お参りしてから1年以内に再訪問するといいでしょう。

もちろん神様は無償の愛で助けてくださるのですが、傲慢になり、「助けてもらうことが当たり前だ」というメンタルにならないように注意してください。「神様のご加護をしっかりわかっています。感謝しています」という気持ちを表すためにも、お礼参りをできるといいですね。

●複数の神社に頼ってもいいのか？

神社の話をすると、「いくつもの神社を巡ると、相性が悪い神社同士の場合は、喧嘩してしまうのではないか？」「神様にご迷惑じゃないのか？」という声をいただきます。「お守りを複数持ってもいいのか？」などと心配する人もいます。

結論から言うと、**神様にお願いするならば、お礼参りができる範囲にしましょう**ということです。特に願い事をする場合は、お礼参りできることを前提にお願い事をしましょう。

例えば遠方に観光に行き、神社に行ったとします。そこにお礼参りになかなか来られないと思う場合は、感謝を伝えるだけにとどめます。神様のサポートを依頼するというよりは、神聖な空気を感じる、神様を近くに感じられることを目的にするといいでしょう。御朱印を集めている人なら、祈願成就というより、あくまでも御朱印をいただくことを目的に訪れるといいでしょう。

祈願成就を目的に旅行を計画し、遠方の神社へ行く場合は、お礼参りが難しいでしょうから、1年ほどたったらその神社の方角を見てお礼を伝えるなどをすれば大丈夫です。お札を授かった場合は、1年たったら近くにある同じ系統の宗派の神社でお焚き上げしていただきましょう。

どちらにしても、大切なことはきちんとお礼を伝える心を持って神様に頼ることです。ただ「願いを叶えて！」とずうずうしくお願いするマインドでは、神社を訪れないようにしましょう。

方法3 神話を学び、神話に関する場所を訪れる

日本には古事記や日本書紀に記された神話があり、神話に関する神様が祀られている神社や観光スポットが全国各地に存在します。古事記などの神話を学ぶこと自体、神様とのつながりが始まる行為なので、関心があるならば神話について書籍や動画などで学んでみましょう。

神話で有名なスポットにでかけることも、神様とつながる行為と言えます。おすすめの場所を紹介しますので、ぜひ神話を学んで観光スポットへ出かけてみましょう。訪れたらその空間を感じ、神話に思いを馳せてみましょう。

- 戸隠（とがくし）神社（長野）……天の岩屋の戸開きに関係する神々が祀られている
- 熱田神宮（愛知）……日本武尊の剣を祀っている
- 伊勢神宮（三重）……古事記と日本書紀にも記されている最も尊いとされている天照大神を祀っている
- 猿田彦神社（三重）……天宇受売命（あめのうずめのみこと）と猿田毘古神（さるたひこのかみ）が鎮座した地
- 伊弉諾（いざなぎ）神宮（兵庫）……イザナギの「幽宮（かくりのみや）」が起源と伝える神社
- 母塚山（はつかさん）（鳥取）……イザナミを葬った地
- 神魂（かもす）神社（島根）……主祭神はイザナミ。出雲国造の始祖であるアメノホヒが最初に降り立った地
- 出雲大社（島根）……大国主大神の国譲りの際に造営された壮大な宮殿
- 天岩戸（あまのいわと）神社（宮崎）……天岩戸といわれる洞窟を御神体としている

日本に生まれたのであれば、ぜひ古事記・日本書紀に記されている神話を学び、それに関わる場所を訪れて、神々とのつながりを強くしていきましょう。

2 守護霊とのつながりを強める毎日のルーティン

守護霊とつながる方法をそれぞれ紹介してきましたが、それを習慣化することで、そのつながりはより強くなるでしょう。毎回意識してつながるよりも、それがルーティンとなっているほうが、負担なく自然につながることができます。

私自身も、守護霊とのつながりを強めることが習慣化されていて、負担なく毎日できています。みなさんも次に紹介するのおすすめの方法を、ぜひ習慣化してみてください。どの守護霊でも効果的な方法です。

STEP 1　朝起きたら守護霊に声をかけ、目標や予定を宣言する
STEP 2　オラクルカードを1枚引き、メッセージを受け取る
STEP 3　守護霊からのメッセージだと思うことをメモしておく
STEP 4　寝る前に感謝の気持ちを伝える

STEP 1　朝起きたら守護霊に声をかけ、目標や予定を宣言する

朝起きたら、自分の守護霊をイメージして話しかけてみましょう。実際に声を出してもいいですし、頭の中で声をかけてもかまいません。

話す内容は、サポートしてもらっていることへの感謝や、「今日はこれを頑張ってみたい」などと宣言するといいでしょう。

また、予定を整理して口に出すと、その予定がスムーズにいくように、守護霊たちはサポートしてくれるはずです。例えば、「今日は会社のプレゼンがありますので、緊張せずにやり遂げられるようサポートをお願いします」などです。たとえ切羽詰まっていても、「サポートしてもらえるんだ」という安心感を得られると、守護霊とのつながりはより強くなります。「大丈夫だ！」と、守護霊を信頼しましょう。

STEP 2　オラクルカードを1枚引き、メッセージを受け取る

オラクルカードとは、守護霊からのメッセージを受け取れるツールです。

まずは、「今日の私へのメッセージをください」と質問してカードを切ります。

それから、ピンときたカードを1枚取り、めくります。解説書を読み、守護霊か

らのメッセージを受け取りましょう。

例えば、「物事を整理整頓しましょう」というカードが出た場合は、会社の机を整理整頓してみたり、家の断捨離をやってみたりするといいでしょう。

一日の中で数分でもいいので、守護霊からのメッセージを日常に反映させられると、つながりが強くなっていきます。

そして、そのメッセージは、必ずあなたのいい未来につながっています。

STEP 3 守護霊からのメッセージだと思うことをメモしておく

「守護霊とのつながりを強くしたい！」と思うと、守護霊からのメッセージがたくさん送られてくるようになります。

メッセージの送り方はさまざまで、電車内の広告、上司からの言葉、テレビで流れてきた音楽、ふと目に入った雑誌の表紙など、生活の中にちりばめられています。

私たちは、それを意識する必要があります。気づいて、生活に反映することが大切なのです。

では、どんなふうにメッセージが送られてくるのでしょうか。次に具体例を解説します。

・**文字でのメッセージ**

守護霊たちは、あなたに伝えたいことを文章で表すことがあります。ふと見かけた文章がずっと頭に残っていたり、キャッチコピーに胸をうたれたり、悩んでいたことの解決法が本にたまたま書いてあったりなど。守護霊たちはあなたに文章でサポートメッセージを送ってくれているのです。

・**音声でのメッセージ**

守護霊たちは、音声でも何かを伝えているようです。守護霊からそのまま伝えられるというよりは、他者の姿を借りて伝えていると捉えてください。友人や知人の言葉に胸をうたれることや、今まで何も感じなかった歌の歌詞が突然胸に響くことがあるかもしれません。突然、歌が聴きたくなったときなどは、その歌詞を確認してみてください。守護霊からのメッセージかもしれません。

・味からのメッセージ

守護霊たちは、味覚からもメッセージを送っています。例えば、あなたが食べすぎてはいけないものは、美味しくないと感じるようにサポートしてくれています。砂糖や脂質のとりすぎで体調を悪くしてしまっている人は、守護霊たちが何度も味覚に語りかけているのに、無視し続けてしまう人たちなのです。

本来、守護霊たちは味覚に語りかけ、体が喜ぶものは美味しく感じさせ、体に悪いものは食べすぎたら美味しくないと伝えてくるはずです。味覚に神経を研ぎ澄まして、メッセージを受けとるようにするのです。

・触覚からのメッセージ

守護霊たちは、触覚でも語りかけています。触れたいものに触れると心は喜び、歓喜します。

例えば、あなたが子どもに触れるとき、魂が喜んでいると触覚が喜びます。しかし、触れたくないもの、例えば嫌いな仕事の資料などに触れると、気分が落ち込み、生きることが億劫になってしまうかもしれません。

触覚から守護霊たちはあなたに語りかけています。「あなたはこれが好きで、これが嫌い」だと。それを触覚からしっかり感じるようにしましょう。

・直感からのメッセージ

守護霊たちは、あなたの直感にも語りかけます。第6チャクラである眉間あたりや、第7チャクラである頭頂に守護霊はサインを送っているのです（チャクラとは、人のエネルギーが集まる場所、出入りする場所のこと）。

虫のしらせや嫌な予感、ワクワクするという気持ちなどは、あなたの直感に従っていることが多いのです。

あなたが「これだ！」と確信するときの直感を信用するようにしてください。直感を高めるためには、くよくよと悩み続けることをやめて、意識的に瞑想状態を作りましょう。

・突然のチャンスからのメッセージ

急に訪れるチャンスは、守護霊たちからのプレゼントかもしれません。昇進のチャンス、留学のチャンス、縁が切れたと思っていた友人との突然の再会や、有名人と偶然出会うチャンスなどは、守護霊が与えてくれているかもしれません。

どんなこともプレゼントだとポジティブに捉え、進んでやってみると、いい未来につながっているかもしれませんよね。ワクワクすると思うチャンスは、ぜひＹＥＳ！と受け取って、チャレンジしてみましょう。

・ピンチからのメッセージ

ピンチな状況も、守護霊たちからのプレゼントである場合があります。

ピンチは、あなたが乗り越えられるレベルのものしかやってきません。ですので、ピンチのときは必ず乗り越えられるんだと信じていいのです。未来がよくなるための試練だと捉えて、立ち向かってみましょう。

そして、ピンチのときこそ守護霊たちにサポートを依頼したり、「知恵を貸してください」「一緒に乗り越えてください」とお願いしたりするといいでしょう。守護霊たちはあなたの成長を応援し、乗り越えられるように最善のサポートをしてくれるはずです。

以上のように、守護霊は、あなたにさまざまな方法を使って語りかけています。守護霊のメッセージをしっかり受け取るようにしていきましょう。

STEP 4 寝る前に感謝の気持ちを伝える

朝起きたときと同様に、寝るときも自分の守護霊をイメージして話しかけてみましょう。「今日も一日、無事に過ごせました。ありがとうございます」と、感謝の気持ちを伝えて眠りにつきます。

あなたの感謝の気持ちが守護霊に伝わると、新たなメッセージを届けてくれるかもしれません。

3 守護霊とつながりにくいと思ったときの浄化方法

●空間を浄化する方法

守護霊とつながりにくいなと思ったときや、雑念が湧いてくるときは、次の方法で空間をしっかり浄化しましょう。

・お香を焚く

お香の煙には、空間を浄化させる作用があります。特に、過去世、ご先祖様、地球の神様が守護霊の場合はとても効果的です。私は松栄堂のお香が気に入っていて、のきばというお香を使って空間を浄化しています。

・浄化効果のあるアロマを焚く

私は霊視をする中で、どのアロマを焚くとどの守護霊につながりやすく、浄化が進むかを検証しました。守護霊の種類によって、次の通り、好む香りが異なるようです。

過去世、ご先祖様……ハイビスカス、ジャスミン、イランイラン、シダーウッド、パチュリ
守護動物霊、自然霊……ローズ、ゼラニウム、ベルガモット
宇宙人、天使、地球の神様……ローズマリー、タイム、フランキンセンス、ラベンダー

アロマを焚いたときには、何もせずその香りをしっかりとかぎましょう。香りに集中すると、守護霊とのつながりを感じやすくなりますし、併せて空間も浄化

ができます。

●自分自身を浄化する方法

守護霊とつながりにくいと感じたり、体が重い、だるいと感じたりするときには、あなた自身の浄化が必要かもしれません。浄化されると、守護霊とつながりやすくなります。

・塩風呂に入る

お風呂にひとつまみの塩を入れて入りましょう。「今、浄化されている」とイメージしながら入ると、より効果があります。バスソルトなどもいいでしょう。

・ロールオンのアロマをつける

体にロールオンアロマをつけるのもいいです。自分を守ってくれるイメージや、自分のまわりにシールドがはられるイメージをすると効果的です。

・断食をする

プチ断食をするのもおすすめです。食事と食事の間を14時間空けるだけでも、体に溜まった毒素が出るような感覚があります。

断食をすると、日々食べている加工食品の添加物などが体の外に出ていく時間を設けられるので、体がスッキリし、浄化される感覚を味わえるでしょう。

・クラシックを聴く、自然音を聴く

耳から浄化効果を期待できることもあります。クラシック音楽は非常に波動が高く、浄化効果があります。本来は生演奏を聴けると最高ですが、なかなか難しいと思いますので、ＣＤやネット配信などで聴いてもかまいません。

自然音も浄化効果があります。特に、川のせせらぎや水が流れる音は浄化効果が高いです。また、鳥のさえずりも鬱屈した気分を浄化してくれます。

●浄化ができたかチェックしよう

最後に、浄化ができているか調べる方法をお伝えします。

1. 目をつむったときに集中しやすい
2. ぐるぐると考える思考が和らいだ
3. 疲れがとれやすくなった。だるさが軽くなった
4. 黒い服よりも白い服を着たくなった
5. 暴飲暴食が減った

これらのうち、3つ以上○がつく場合は、浄化ができているはずです。

空間も自分自身も浄化できていると、守護霊の存在を感じやすくなります。ぜひ、日常的に浄化を意識して過ごしてみましょう。

第7章

幸せになるために大切なこと

1 幸せとは？

たくさんのクライアントを見てきて、お金があるから幸せというわけでもなく、家族がいるから幸せというわけでもない、社会的に評価されているから幸せというわけでもないのだと知りました。何か一つだけが満たされていたとしても、何かが欠けていたら人は不幸だと感じてしまうのです。

私は、**「信頼」「使命感」「感謝」の3つがそろうと、幸せを感じられるのではないかと考えています。**どれか一つでもだめで、3つがバランスよく満たされることが重要です。

まず「信頼」とは、見えない存在への信頼、自分への信頼、他者への信頼、地球への信頼、宇宙への信頼です。信頼とは、信じて頼ること、頼れるほど信じることです。信頼できるということは、拒絶がなく、不信感がなく、不快感がないということです。

そして、自分が信頼するだけではなく、他者から信頼されると、より幸福感は高まるでしょう。

実はそれは簡単なこと。信頼すると信頼されるのです。**あなたが信頼することができれば、他のものはすべて、あなたを信頼してくれるでしょう。**

信頼が苦手だという人は、このアファメーションを唱えてみましょう。

affirmation

「私は見えない存在を信頼します」
「私は自分を信頼します」
「私は他者を信頼します」
「私は地球を信頼します」
「私は宇宙を信頼します」
「私はすべてを信頼します」

まずは潜在意識に語りかけ、信頼することを許可してあげましょう。

もしも、唱えるときに違和感がある文章があるなら、あなたがまだ信頼できていない部分です。それは特に繰り返し唱えて、信頼できていない理由を探してみるといいでしょう。

また、信頼することが苦手な人は、リラックスする機会をつくりましょう。**すべてを信頼していれば、全身の力を抜ける状態になります**。信頼が苦手な人は、体が緊張し、こわばっています。信頼できる人は体が緩んでいて、リラックスできる状態にあります。

信頼が苦手な人は、意識的に筋肉を緩めることを意識してみてください。水に浮く、ヨガをする、ストレッチをする、深呼吸をする、などがいいでしょう。手の力をふっと抜くような動作も緊張をとくことができ、信頼するという行為が容易にできるようになります。

2つ目の「使命感」とは、使命をまっとうしているという感覚です。やりたいことがやれている、ワクワクする感覚を得られている状態です。

使命については多く語ってきましたので、ここでの説明は省きますが、使命を見つけ、それに邁進することが幸福感につながるのです。

使命感があるものは、学ぶことも苦になりません。困難に立ち向かうことや成長することも苦にならないのです。まさに毎日が幸福であふれるには、この使命感が重要なのです。

3つ目の「感謝」とは、すべてをありがたく感じることです。

私たちは、悩んでいるときや苦労が多いときは感謝ができません。自分が被害者のように感じて、他者や環境、自分自身を責めたくなってしまうからです。**ありがたく思えるということは、心の余裕、時間の余裕があるということです。**つまり、感謝ができるということは、自身のメンタルや環境がとてもいい状態であり、幸福を感じられる余裕があるのです。

感謝できる人は、このような思考をしています。

- 不自由なことや苦難、困難は、感謝できるための糧になる
- 自分一人では生きていけないと思っている
- 当たり前に慣れないほうがいい
- 楽な道と努力が必要な道があるなら、迷わず努力が必要な道を選ぶ

感謝とは、前述しましたが、過去の自分と今の自分との差で感じられるものです。

例えば、過去はとても貧乏だったけれど、今は普通の収入がある場合は、今のほうが生活に対して感謝することができます。他にも、過去に怪我をして動けなかったことがあれば、今、治って動けることに感謝を感じやすいでしょう。ずっと裕福な家庭の人がお金をもらうことに感謝しにくいように、過去が満たされすぎていると感謝しにくいはずです。

感謝をするためには、過去と比較して現在が「よりよい状態」であることが重要なのです。

そのため、感謝できる人は、苦難や困難は感謝できるようになるための大チャンスだと捉えます。苦難を乗り越えると、未来はたくさんのことに感謝できるようになると知っているからこそ、苦難を喜べるのです。

感謝できるというのは、幸福を感じるためにとても重要な要素です。苦難や困難をいとわず乗り越えていくことで、半永久的に感謝でき、幸福感をずっと味わい続けられるのです。苦難や困難に直面したときは、「簡単な問題と難しい問題があれば、楽しみながら難しい問題を解こう」というような意識で立ち向かっていきましょう。

幸せになるためには、「信頼」「使命感」「感謝」をバランスよく持つことです。そのバランスが整っていると、本当の幸せを体験できることでしょう。

2 あなたは決して一人じゃない

「幸せ」とはどういうことかがわからず、さまざまな欲に溺れたり、依存したり、騙されてしまったりする人がいると思います。

私たち人間すべての使命は、幸せとは何かを追求し、体験することと言っても過言ではありません。あなたは生きている間に「信頼」「使命感」「感謝」のバランスを保ち、幸せを体験できれば、使命をまっとうしているともいえるのです。

あなたがまだ信頼できていないのならば、人を信頼するという課題、自分自身を信頼するという課題、目に見えない存在を信頼するという課題を、守護霊が出してくれていて、あなたが乗り越えられるようにサポートしてくれているのです。

あなたが使命感を持てていないならば、あなたが生まれる前に決めてきた使命を思い出せるように、守護霊はメッセージを送り続け、さまざまな出会いやチャンスを用意してくれているのです。

あなたが感謝できていないならば、感謝の気持ちを感じられるように、守護霊は満たされていることや恵まれていることを教え、苦難もポジティブに乗り越えられるようにサポートしてくれているのです。

つまり、**守護霊たちはあなたたちが信頼、使命感、感謝のバランスを保ち、幸せを体験できるようサポートしていて、幸福にたどりつけるようにメッセージを送り続けているのです。**

どの守護霊がついてくれたとしても、守護霊たちの目的は「あなたが幸せを体験すること」。そのために、ずっとそばにいて24時間365日サポートしてくれているのです。

もしかしたら、そのことを知るだけでも、感謝の気持ちが湧いてくるかもしれません。感謝できることはとても大切ですし、その感謝は守護霊たちに伝わっているはずです。

私たちはみな、目に見えない存在と一緒に人生を歩んでいます。一人だと怯えないで、寂しがらないでください。そして、守護霊たちは、あなたが最善の道を選べるように、体制や担当をかえながら応援してくれています。

その顔で、その性別で、この時代を生きられるのは一度きりです。

今、この人生に後悔がないように、守護霊との連携を感じながら、使命を思い出して、自分を信じて生きていきましょう。

おわりに

みなさんとの出会いに心から感謝しています。

私は守護霊のメッセージを伝える仕事をしているので、守護霊がさまざまな手段を使って、私たちにメッセージを送り続けてくれていることを知っています。この本があなたに届いて、こうして読んでいただけたということは、守護霊からあなたへのラブレターが届いたのだと感じています。

この本から受けるインスピレーションや気づきなどは、読む方によって異なると思います。それが使命のことだとしても、守護霊のことだとしても、記憶に残った部分や、固定観念が崩れて新しい感覚になった部分があれば、それが守護霊からのメッセージそのものなのだと思います。

私はオンラインサロンを通して、お一人お一人のクライアントと長い間お付き合いをしてきています。それを通して見えてきたのは、守護霊を意識できる人は、目に見えないものに感謝の気持ちを持っていて、人に好かれ、愛され、謙虚で優しい方が多いということ。

この本から情報や気づきが得られたという一瞬の学びではなく、ぜひ日常に守護霊とつながるという習慣をもっていただけると嬉しいです。きっと、守護霊とのつながりはあなたの人生を安定させ、豊かにしてくれるはずです。

日常生活が忙しいと、どうしても日常の悩み事に心と体が占領されがちです。そんなときにこそ、「守護霊は何してるのかな～」「今日はどんなメッセージ送ってくれたのかな～」などと考えてみてほしいのです。あなたが思いを巡らせるとき、守護霊たちは必ずあなたに、温かいエネルギーや眼差し、アイデアを送ってくれるはずです。

日々の忙しさの中で、目に見えないものとのつながりの時間を持とうとするだけでも、人生がよりよい方向へと変化していくのではないかと思います。

ところで、私はクライアントから「私の運気ってどうですか？」と霊視を頼まれることがあります。その場合、私はいつも「自分自身の運気を知りたいときには、『自分の口から感謝の言葉がどれだけ自然に出ているか？』をチェックしてみてください」と答えます。

運気が高いときはどんなことに対してもありがたいと思えるし、感謝の言葉が自然と口をついて出るものです。

しかし、運気が低いときは被害者意識が強くなり、さまざまなものが攻撃してくるような妄想を抱きがちです。

同じ環境や境遇でも、世の中の見え方が違うのです。

感謝の言葉を言えるというのは、心と体の余裕があり、目に見えないものとのしっかりしたつながりがある人です。

あなたの運気を知りたいときは、自分が発する言葉を客観的に見つめてみてください。

最後になりますが、かねてより私は、使命と守護霊についてみなさんに詳しくお伝えしたいと思っていました。今回、その願いが現実のものとなり、たくさんの方にこの本を手に取っていただけてとてもありがたく、最高の体験をさせていただいています。

本を書くことはクリエイティブな作業で、自分の才能とのせめぎあいで苦しいこともありますが、作品が出来上がったときには、大きな感動を味わえるものです。その機会をくださったＫＡＤＯＫＡＷＡさんにも心から感謝しています。

この本を通して出会ったみなさんの人生が、より一層色濃く、刺激的で充実したものになりますように、心から祈っています。

ワンネスｙｕｒｉｅ

ワンネス yurie

会員15,000人以上のオンラインサロンのオーナーとして斬新なスピリチュアルレッスンを発信中。コーチングメソッドや引き寄せの法則を学び、使命発見アドバイザーとして活動している。天界や宇宙からのメッセージやオラクルカードを使ったリーディングも人気のスピリチュアルカウンセラー。

YouTube：https://www.youtube.com/@oneness-kiran/videos
X（旧 Twitter）：@oneness7788

Staff

カバーデザイン：菊池祐（ライラック）
本文デザイン：今住真由美（ライラック）

カバー・守護霊（P130 〜 143）イラスト：Ricco.
カード（P98 〜 109）イラスト：中野愛菜

DTP：山本秀一、山本深雪（G-clef）
校正：麦秋アートセンター
編集協力：小田島瑠美子

Special Thanks

kiran コーチのみんな
ワンネスプラネット会員の皆様

7種の守護霊とつながる最高の生き方

2024年5月28日　初版発行

著　者　ワンネスyurie
発行者　山下直久
発　行　株式会社KADOKAWA
〒102-8177　東京都千代田区富士見2-13-3
電話0570-002-301（ナビダイヤル）
印刷所　TOPPAN株式会社
製本所　TOPPAN株式会社

●お問い合わせ
https://www.kadokawa.co.jp/（「お問い合わせ」へお進みください）
※内容によっては、お答えできない場合があります。
※サポートは日本国内のみとさせていただきます。
※Japanese text only
定価はカバーに表示してあります。

ISBN 978-4-04-606797-5　C0095